なごや飲食夜話（なごやおんじきやわ）

千秋楽

安田文吉

中日新聞社

なごや飲食(おんじき)夜話

千秋楽

もくじ

第一章 「文さんの味な旅」編

第二章 「当世テレビ膝栗毛」編

第三章 「文ちゃまのお気に入り」編

第四章　番外編

千秋楽　口上

イラスト
松本亜寿美

第一章「文さんの味な旅」編

タケノコ一番　清水の山里

深雪　…真実親の養いなら、遠い山川の珍物より、ツイ裏にある竹藪の笋を掘って来い。
慈悲　ハヽッ、御意ではござれども、この寒中に笋が、
深雪　サア有る物を取って来るは子供でもする事、ない物を取り寄するがほんの孝行…

右は、明和三（一七六六）年一月初演（歌舞伎の初演は五月）の近松半二、三好松洛らの作の浄瑠璃『本朝廿四孝』三段目「山本勘助住家の場」の一節。この物語は武田家と長尾（上杉）家との境界争いが背景にあるが、ここでは、母深雪が、子息慈悲蔵（実は長尾家の家老・直江山城守種綱）に雪中の笋を掘ってこいと言いつける場面。雪中に笋があるはずもないが、ここは、中国の「二十四孝」の一つ、孟宗（三世紀頃の人）の「哭竹生筍（母のために哀嘆して天に祈ったら、寒中に筍が生えた話…孟宗竹の称はこれによる）」を取り込んでいる。現在は、ここよりも、次の四段目「謙信館十種香の場・同奥庭狐火の場」ばかりが上演されるが、江戸時代は親孝行と筍掘りの趣向が好まれていたようだ。因みに筍も笋も音はジュン、訓はタ

ケノコ、タカムナ。タカムナの意は「竹芽菜」（本居宣長『古事記傳』）。

閑話休題、「二十四孝」によっても筍はかなり古くから食べられていたことがわかる。建暦二年（一二一二）～建保三年（一二一五）成立の『古事談』には、『源氏物語』の書かれた（九世紀末～十世紀初め）一條天皇の頃、清涼殿の御酒宴で筍を焼いて食べたとある。正徳五年（一七一五）跋の『和漢三才図会』には、

「淡竹筍…味甘し…肉柔らかく良し／紫竹筍…色味此（淡竹筍）と同じ…淡竹より早（く出て）しかも多からず…／苦竹筍…味微かに苦し、糠末醤（糠味噌）少し許り入れ、これを淪せば苦からず、味脆く美きこと淡竹の子に勝る」

とある。孟宗竹の渡来は十八世紀前半。

NHK「北陸東海　文さんの味な旅」の十二回目は、春たけなわの清水市（現静岡市）両河内に「筍料理」を訪ねた。昭和六十三年五月の放送。

両河内の筍は、凡そ百六十年前、当地の蔵殊寺住職芙雲和尚が地場産業に、と京都から孟宗竹を移植したのが始まり。日当たりの良い山の斜面の竹林に案内してもらった。陽が地面に届くように、下草を刈ったり、雑木が生えないようにしたりで、筍林は手入れが大変。地上に頭を出してしまったものは食用としては駄目。地面に頭を出すか出さないかのものを採るのだから、目で地面の割れ目を探すのはなかなか困難。地下足袋の様に地面の感触が足に伝わるものを履き、感触で探すのが上手段だ。今回訪ねたお宅では、庭のドラム缶大の竈に大鍋が乗せてあり、火を付けてから筍掘りに向かう。掘った筍を素早く茹でるために。四キロもある大きな筍を傷つけないように地中から掘り、鍬で抉じて採るので、筍掘りはかなりの重労働。しかも朝の間に採らねばならぬので、時間との勝負。一日二百キロくらいを採る。採れ立ての筍は皮をきれいに取って茹でる。時が経つと灰汁が出るので、皮を付けたまま糠をいれて茹でなければならなくなる。皮を取って茹でることができるのは、掘り出して半日くらい。茹で立ての筍（いわば筍の刺身）を早速食したが、筍の素朴な味と香りが何ともいえなかった。ここのお宅の筍料理は、木の芽を入れた天ぷら、醬油・味醂をつけて、何回も焼いた筍、油炒め、和えもの、煮もの、きんぴら、甘辛く煮込んだ姫皮（筍の先端の薄い皮）の佃煮、それに刺身などなど。これだけの料理がそろうとなかなかの圧巻。この他、山で採れ立ての筍を皮の付いたまま、竹の葉で蒸し焼きにして味噌を付けて食べたのもうまかった。筍を十二分に堪能した旅だった。

この取材のエピソードを一つ。両河内の桑箒（くわぼうき）や笊（ざる）、籠を売る竹製道具屋さんのおばあさんに言われた。「あれ、あんたNHKテレビの変な物を食べる人によう似とるなあ」。僕答えて曰（いわ）く、「そりゃ似てますよ、本人だもの」。再びおばあさん、「そうか本人か、それにしてもよう似とるは！」（2012年5月）

豆腐でキャッチボール

二十一　ふは〳〵豆腐　雞卵(たまご)ととうふ等分にまぜよくすり合せふは〳〵烹(に)にする也　胡椒(こしょう)の末(こ)ふる○雞卵のふは〳〵と風味かわることなし　倹約を行ふ人は専ら用ゆべし

これは天明二年（一七八二）刊の『豆腐百珍』の二十一番目に紹介されている豆腐料理。本書は約百種の豆腐料理の調理法を記しており、好評だったようで翌年続編も刊行されている。時代は下るが、幕末、坪内逍遙も、夕食の料理の母のお使いで、日本一の貸本屋名古屋の大惣(だいそう)に借りに行ったという噂もあり、身近なものとして重宝されていたようだ。平成四年五月二十八日放送のＮＨＫ「とうかい発見伝『尾張名古屋は貸本屋でもつ』」の一コマで、家内が「ふは〳〵豆腐」に挑戦。出来上がりを早速試食したところ、かなりいける味。この他『鯛百珍』などもあり、おかずに困ったらこのような料理本をたよりにしていたとは、江戸時代も今も変わらない。

一体豆腐なるものがいつ頃からあったかというと、『本草綱目(ほんぞうこうもく)』等によると、

「漢の淮南王劉安（前漢の高祖劉邦の孫）に始まる。凡そ黒豆、黄豆、豌豆、緑豆の類、皆これをなすべし…」

とあり、『和漢三才図会』にはさらに、

「按ずるに、豆腐、本朝、古はこれ無く、今、僧家日用のものとす…」

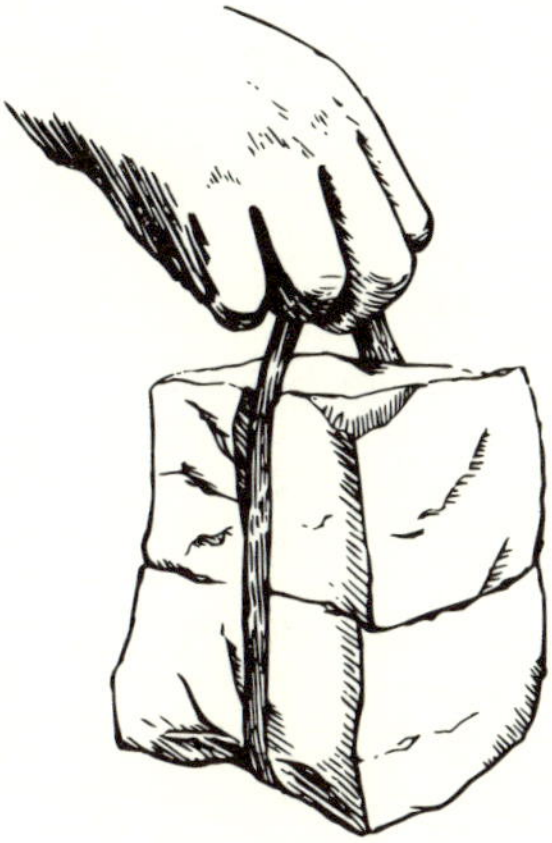

とある。つまり寺院で作られ食べられていた。資料では「寿永二年〈一一八三〉の奈良春日大社の記録に見えるものが古い」(平凡社大百科事典)。室町時代の『七十一番職人歌合』の三十七番は「豆腐売　素麺売」で、豆腐売の画中詞に「豆腐召せ　奈良より　のぼりて候」とあり、素麺売の左歌に「宇治豆腐」とあるところから、豆腐製造の初期は、清水に恵まれた奈良、宇治あたり

だったらしい。

ＮＨＫ「北陸東海　文さんの味な旅」の十三回目は、新緑が爽やかな初夏の白川村（岐阜県）に、石より固いと言われる「石割豆腐」を訪ねた。「ふは〱豆腐」ではないが、豆腐と言えば、柔らかいというのが常識。固くてもせいぜい木綿豆腐くらい。ところが白川村の豆腐は荒縄で縛って持ち運びが出来るというのだから、常識を遙かに超えた固さ。ここでは、かつては家々で作っていたが、豆腐屋さんが出来たので作ってもらうことにしたそうだ。したがって固い豆腐は注文生産。お祭りやお正月、法事、報恩講とか、合掌造りの屋根の葺き替えの時などに作るとのこと。

先ず、前日豆腐屋さんに持っていって、一晩水につけておいた大豆を、ミキサーで擂り潰すと白い液状の「摺りたて」になる。それを大釜で煮、蒸気の圧力で押し出し、袋に入れて絞ると豆乳が出てくる。これに滷汁を加えるが、滷汁の入れ方、豆乳との合わせ方に秘伝が…。その後暫くこの状態のまま置いておき水分を分離させる。これを「寄せ豆腐」という。まずは分離した状態のものを試食に及んだ。「ふは〱豆腐」の雞卵の入っていないものに似ている。

この「寄せ豆腐」を箱に入れ、水を絞って固めるのだが、かなり重い石を、一時間ほど乗せて出来上がり。白川村の石割豆腐の特徴は、これを厚さ三糎、縦十糎、横二十糎ほどに切って焼くところにあるそうだ。いまは、これを八枚並べて天日で焼くのだが、昔は囲炉裏の端で、魚を焼くように、一枚一枚串に刺して焼いた。ただでさえ固いのに、焼けばますます固さが増すのはいうまでもない。この固さをテレビで視覚的に示すのに、実験を一～二。先ず、生の豆腐を二十糎の高さからぼたっと落とし、続いて十糎角の豆腐でキャッチボールを。何れも豆腐は全く壊れなかった。荒縄でなくても、幅一糎くらいのポリプロピレン製の荷造りひもで縛っても、持ち運びは可能だ。山越えをしても運べる山里の豆腐。

ご当地の石割豆腐料理は、というと、椎茸、蕗、人参などのうま煮の入ったお椀や、山菜の白和えのお椀の上に、焼き豆腐を煮たものを、一枚ずつ、ドンと乗せる。「摺りたて」を味噌汁に入れることもある。素朴だが、何ともいえない懐かしい味。豆腐屋のご主人は当時七十九歳。豆腐を作りつつ言われた、「魚はないしな、やっぱりニシンか塩鱒ぐらいのもんやでなー、そやさかいに豆腐が一番のごっつおのもんや、何より、それが今まで長う伝わっとるちゅうことやなー」の言葉が忘れられない。（2012年6月）

両手を冷やして鮎つかみ

初夏の風が吹き始めると鮎の話題が新聞紙面を賑わわせる。僕が鮎釣りを初めて体験したのは郡上八幡。一浪して入った名古屋大学文学部。一年生の時から、出身校東海高校の先生から、中学生や高校生の家庭教師を依頼された。その最初の教え子が郡上八幡から東海中学に入った生徒で、もちろん下宿。そのお父さんが郡上八幡で歯科医をやっておられ、夏休みに是非ということで、遠慮も無く伺った次第。鮎の獲り方はいろいろあるが、一般的なのは友釣。縄張り意識の強い鮎の習性を利用しての、日本独自の釣り方。清流の川中に、膝から腰下あたりまで入って釣っている風景を見知っていたが、郡上での友釣りは船に乗って、しかも棹で船を操りながらの友釣りは驚き。友釣りも初めてなら、棹で船を操るのも初めて。大奮闘の友釣りだったが、釣果は鮎二匹。同時に棹を刺して船を進めるのが如何に困難かを経験した。棹を刺してもなかなか思う方向に船が進まないから。諺(ことわざ)に曰く「棹三年、櫓は三月」。

鮎をアユと読むのは日本だけで、漢字本来の読みはナマズ。鯰は国字(日本で作られた字)。『日本書紀巻第九』「神功(じんぐう)皇后紀」に、

（仲哀天皇九年）夏四月…松浦県…玉嶋里に到りて…皇后、針を勾げて鉤（釣ばり）をつくり粒を取りて餌にして…鉤を投げて　祈ひて曰はく、朕、西　財の國を求めむと欲す、若し事を成すこと有らば、河の魚鉤飲へ（釣ばりをのみ込め）とのたまふ、因りて竿を挙げて、乃ち細鱗魚を獲つ

とあるところから、占う魚、すなわち「占十魚」で、「鮎」となった。細鱗魚は『古事記中巻　仲哀天皇』では「年魚」。これは一年で一生を終えるところから。

ＮＨＫ「北陸東海　文さんの味な旅」の十五回目（前回が十三回なので今回は本来なら十四回目の話題になるが、季節が夏なので入れ替えて、次回に十四回目を書くことにした）は、真夏の暑さを吹っ飛ばすような鮎獲りを、洞戸村（岐阜県）に訪ねた。洞戸村には、長良川の支流、清流板取川が流れており、鮎が驚くほど多い。その鮎獲りは、一年に一度、村人総出で、お盆の前日、八月十二日の正午を決して川幅一杯に網を張って獲るというやりかた。これ

を瀬張り網（浅瀬に張る網）という。五百人から六百人がでて、約一メートル間隔に網が張られる。ただし、網を張ることができるのは、洞戸村の漁協の組合員のみ。たいていはお父さんがこの資格を持っている。しかし、鮎を網から外すのは誰でもよいので、家族総出でやってくる。まるで河の潮干狩りと言った光景。誰もが多く獲りたいばっかりに、前夜からテントを張って良い場所を占める人もいるが、鮎が群がって泳ぐので、網を張ったとき、群れがそこに居るかどうかが運命の分かれ道。群れがいるか否かで、五十匹から百匹もの差が出る。この他にも「ていな」というこの地方独特の手投げ網漁法もある。これは十メートルくらい先へ半円形に網を投げ、手前から石を投げたり、竹竿で水中をつついたりして鮎を網に追い込むもの。これらの網を使った漁法は実は八月十二日が解禁。

正午のサイレンを合図に我先に、一斉に川に入っていく。ここでのコツは出来るだけ早く網を張ること。網にかかっている鮎の数はどれも多く見えた。一と網平均、八十匹から百匹。この網にかかった鮎を網から外すときが要注意。というのも、そのままの手で鮎を掴むと、熱湯を浴びせられたかのように鮎が火傷をして鮮度、味が落ちるのだ。清流に住む鮎なのだから、掴む時は手を清流で冷やして、水温と同じくらいにして掴むのが肝要。網から鮎を外すのは意外と難しい。鮎を傷つけないように、また、網を破らないように。続いて、「ていな」に挑戦。投げた網の後から鮎を追って竹竿で水中をバシャバシャやるのだが、苔むした石に滑ってなかなかあぶない。この他のご当地の漁法は「火振り」。原理は鵜飼いの篝火（かがりび）と同じもの。

鮎料理は、刺身、塩焼き、天ぷら、フライ（フラャア＝名古屋弁の正しい表記）、鮎ご飯などなどだが、ここでは鮎を笹の葉に包んで焼くのが名物で、これを「鮎のささやき（愛の囁き）」と言う。というのは単なる洒落。洞戸の鮎は水の底から湧いてくる。（2012年7月）

夏ばてに梅干し青うなぎ

今年の夏は異常に暑い。この暑さを丈夫で長持ちするためにはどうしたらいいか、マスコミでは様々な特集を組んでいるが、何と言っても食べることと寝ることが必須条件だろう。かつて前々作『なごや飲食夜話』で「うなぎと梅干し」を話題にしたが、今回はその続編とも言うべきもの。ＮＨＫ「北陸東海　文さんの味な旅」の十四回目は、真夏の暑さを乗り切る必須の食べ物「梅干し・鰻（それも天然の青鰻）」を福井県三方五湖に訪ねた。三方（三潟）五湖は海に近い方から久々子湖、日向湖、水月湖、菅湖、三方湖の五つ。五湖すべてが海水（塩水）と真水（淡水）が混じりあっている汽水湖。したがって、天然鰻や蜆の宝庫。天然鰻は保護色を纏う習性なので、水草や湖水の緑がかった青色に似た色の表皮の青鰻となるのだ。

以前、岐阜県多治見市を流れる土岐川で、天然鰻を獲って料理し、味わうＮＨＫのテレビ番組「きょうの料理　男の食彩」に出演したが、この時も青鰻だった。この時は鰻の骨酒を賞味したが、骨酒は天然鰻でないと生臭くて飲めたものではない。天然鰻の頭を白焼きにして熱燗に浸けたもの。お世話になった鰻屋の大将村手関長さんの話では、最上級の天然鰻は、皮が杉織といって、杉の葉の文様の付いたもので、腹が若干黄色い黄腹といわれる色の付いたもの。

　まずは備長炭で焼き台全体の温度を上げておき、八割がた炭を引き上げ、ドカリ（余熱）でじっくり焼く。焼き具合は、十鰻十色といって、その鰻に合わせた火加減とか、塩梅とかを、鰻の表皮（杉織）の具合や色、鰻の獲れた所（産地）、手で触った感触で決めるそうだ。天然鰻の皮は強い（固い）。これを活かすべく、皮は煎餅、身はケーキに焼く。すなわち、皮はカリカリに煎餅のように歯切れの良いように焼き、身はケーキのようにふんわりと焼き上げる。焼くときの煙で燻製状態にしてうま味を付け、団扇は温度の均一化、つまり万遍なく斑無く焼き上げるためだそうだ。焼くと縮むが、最高に縮ませたのが美味いとのこと。タレはいわずと知れた溜まり。タレに溜まりを使う処は少ない。溜まり焼きを一度食べると癖になる。

　鰻の骨酒は、ラスター彩で有名な陶芸家で人間国宝の加藤卓夫さんと飲んだが、加藤さん曰く、

天然鰻の骨酒はちんちんに熱くなくても生臭くなく飲める。この日は二人で丼二杯も飲んでへろへろに酔い、以後の録画は使い物にならなかった。

閑話休題、三方五湖のうち、久々子湖で天然鰻の青鰻を獲った。ここの漁法は筒漁。細長い穴にもぐりこんで寝るという鰻の習性を利用した漁法。長さ1メートルの竹筒(今は塩化ビニールが多い)を二本並べて沈めておき(水深二メートル)、そっと引き上げて獲る。水辺の葦が馬の背(の高さ)になった頃、鰻が獲れ出すという。汽水湖だから、天然の蜆も獲れる。獲れ立ての蜆を鍋で煎ると牛乳のような白い蜆のエキスが鍋一杯に溢れ出る。これは肝臓に良いそうだ。味はきわめて淡白。寿司屋などで蜆汁が出ると、おつゆだけ飲んで、蜆の身は食べずにほったらかしにしていく人がいるが、言語道断、実にけしからん行為だ。これでは蜆が気の毒。貝自体が小さいので食べにくいということから食べない人もいるようだ。

一方、三方五湖は梅の産地でもある。今は福井梅と呼ばれているが、かつてはその地名から西田梅と言われていた。僕がお訪ねしたのは水月湖畔の梅林。それも船で行った。陸を車で行くよりもこの方がずっと早い。「梅と鰻は食い合わせ」と言われているが、その両者が同じ所で産出されているのは面白い。

「味な旅」では、青梅・梅干しと鰻の蒲焼き（かば）を一緒に食べて、食い合わせの真偽を試したが、その結果、お腹（なか）はいたって元気。むしろ、梅干しの酸味と塩味が、蒲焼きのくどさを緩和して、妙に合う。いくらでも食べられそうだった。ひょっとしたら、この食い合わせは、天然鰻を食べさせないためのものではなかったか。これを周辺の人に披露したら、そりゃ文さんだからこそ何ともないのだ、他の人はそういかない、と口を揃（そろ）えて言われた。夏ばてには元気一番梅干しに青鰻。（２０１２年９月）

幻の魚ゲンゲ

最近、一頃(ひところ)のように騒がれなくなったが、依然として高い人気のあるのがカラオケ。僕のレパートリーは、「恋の銀座」「恋岬」「恋人たちの港」「風花の宿」「アイラブユー新潟」そして「風の盆恋歌」。これらはすべて歌詞を見ないで歌える。中でも「風の盆恋歌」は歌っているうちに段々力が入ってくるから不思議だ。

同名の小説が高橋治によって書かれている。この小説をテレビで映像化したのが、NHK「北陸東海　文さんの味な旅」のデスク丸山健一君。丸山君は発想の転換を行い、テレビは聴くものと考え、この小説を佐藤慶と加賀まり子の朗読で聴かせ、画面は風の盆の踊りを流し続けるという画期的なもの。この番組はこの年のギャラクシー賞をとった。ただ踊りを映し続けるというのではなく、踊り手のアップや、道ばたの花、胡弓(こきゅう)と三味線・歌などを効果的に取り込み、遅すぎた男女の恋物語を聴かせた。九月三日（正しくは四日の早朝だが）の夜、午前三時からNHKの衛星第二放送で放送、東が白む同五時に二人の心中が完結して終わった。祭の終わりと恋の終わりを重ね、新しい朝の到来を告げる幕切れは見事だった。僕はゼミ生共々、この生放送に立ち合うべく高岡に宿を取り、ここから八尾に赴いた。風の盆には雨がふるといわれた通り、三日の夜中あたりから雨になり、放送が危ぶまれたが、午前二時ころにはすっかり上がり、星の煌（きら）めく絶好のお天気となった。風の盆といえば、胡弓のもの悲しい旋律が悲恋の涙を誘うのだが、胡弓が八尾風の盆に入ったのは大正年間。それまでは、岐阜県の郡上踊りのような賑々（にぎにぎ）しいものだったようだ。八尾町内随所に掲げられた古い写真がそれを物語っている。「文さんの味な旅」の十六回目は、所は同じ富山だが、風の盆ならぬ幻の魚「ゲンゲ」を富山県新湊市（現・射水市）に訪ねた。余談だが、何故（なぜ）こういう改名をするのだろう。新湊の方が僕は好き。

　さて「ゲンゲ」なる魚。辞書に拠れば「おもに本州中部地方以北に分布し、北日本やオホーツク海に多産する。沿岸の藻場から一〇〇〇メートル以上の深海に生息する」とある。新湊（富山湾）のゲンゲは体長二五糎（センチ）ほどの、鯊（はぜ）に似た白ゲンゲと黒ゲンゲ。甘エビを獲る網に入ってくる。そこで甘エビ漁の漁師さんの船に乗せてもらって、ゲンゲ獲りに出かけた。午前〇時出港、一時間くらいで漁場に着く。こ

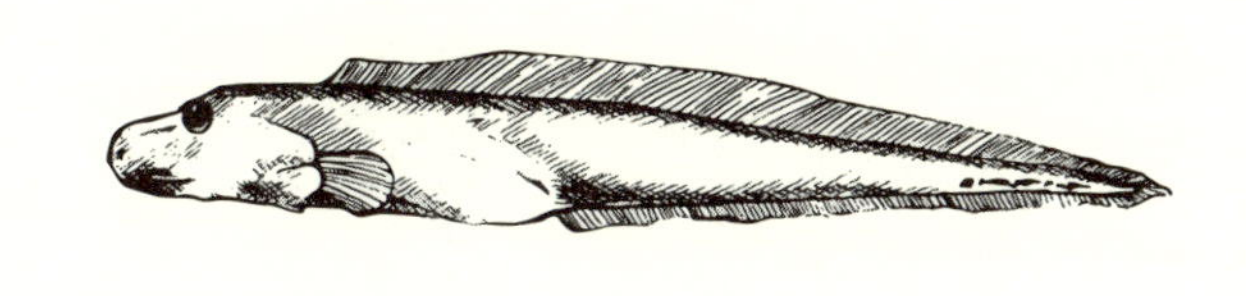

のあたりは水深約四〇〇メートル。底引き網で獲るので、甘エビのみならず様々な深海魚が獲れる。とても匂いがくさいクサビ、ゲンゲの仲間の水ガンゴなど。これらはおまけで、主力はズワイガニや甘エビ。獲れたての甘エビを食べたが、身が透き通っており、まさに透けるような肌。一度こういうのを食べたら、身が白くなった甘エビなどとても食べられない。行き付けの鮨屋でも、殻の色が鮮やかな赤色の、透けるような身とまではいかないものの、半透明くらいの甘エビの時しか、僕には握ってくれない。一仕事終わって港に接岸した途端、熱燗で乾杯となったが、マグカップでの乾杯とは恐れ入った次第。

さて、ゲンゲ料理は、黒ゲンゲは刺身、白ゲンゲはゼラチン質の皮を剥いだ後、ぶつ切りにして醤油で煮る。この時、一味唐辛子をたっぷりと掛けておくのがコツ。また、食べ方にも作法?があって、ぶつ切りの身を、舌で転がすようにして骨を取る。骨離れのよい魚で、食べやすい。刺身は身がコリコリしていて鯊に似ている。この他のゲンゲ料理としては、干物を天ぷらや唐揚げにしたり、焼き魚にしたり、お付け(味噌汁)の身(具)にしたりで、結構いろいろな料理法があった。

このゲンゲの食文化圏だが、富山の人は食べるが、高岡の人は食べないそうだ。ゲンゲのゼラチン質の皮を、鼻水のようだとか言って。今、巷で騒がれている流行のコラーゲンいっぱいなのだが。この番組の放送は昭和六十三年十月。そのときは気持ちの悪い魚だったものが、現在は幻の魚ゲンゲとして、高級魚？の仲間入り。時が経てば人の心は変わるものだ。女心と秋の風とはいうが、これは人の心と秋の風に改めた方がよいのでは。（２０１２年10月）

自然薯　自然生　山の芋

喜多八「コレ菜は何をくはせる」
宿引き「ハイ当初の名物、薯蕷でもあげませう」

『東海道中膝栗毛』三編の下の一節。弥次さん喜多さんが江戸から天竜川を渡ったところに浜松の宿屋の宿引きが迎えに出て、喜多八と交わした会話。ここに出てくる「薯蕷」は『膝栗毛』では「ジネンジョ」と訓ませているが、漢和辞典では「ショヨ」。「薯」は、音は「ショ」「ジョ」、訓は「いも」。「藷」と同義語で、「根が充実した芋」の意（学研版『漢字源』）。甘藷はサツマイモ（蕃藷とも書く）。「署」は「あつまる」「中身が充実する」意。したがって「藷」は「根が充実していて太い芋」。「薯蕷」の「蕷」は「長く伸びた」の意なので、「薯」は「つる性植物の名。ながいも。茎の根元が長く太くなり食べられるもの」の意（同書）となる。本来は「薯蕷」だったのが、自然豊かな山中で伸び伸びと育った山の芋なので自然薯の表記も出来たのだろう。だから「自然生」の表記もあるのだ。ＮＨＫ「北陸東海　文さんの味な旅」の十七回目は、愛知県小原村（現豊田市）に自然薯掘りに。

自然薯は、何の障害も無ければ、根が真っ直ぐに地中へ伸びてゆく特性がある。しかも強力に、二メートルにも。ところが、根の伸びていく先に石などの障害物があると、根はそのまま進めないので障害物を迂回することになる。根の前進するエネルギーはとても強力なのだが、石を突き破って進むことは無理。そこで石の廻りを螺旋（らせん）状に迂回して、下へ伸びていく。そうすると螺旋状のすばらしく芸術的な自然薯が出来上がる。こうなると掘るのが一段と難しくなる。こんな自然薯を貰（もら）って家で賞味したが、味はとてもよかった。

閑話休題。僕がお訪ねしたのは、小原村切っての自然薯（山芋）掘りの名人とそのお友達。山芋掘りには絶大な精力が必要。そこで先ず（まず）、蜂焼酎（はちしょうちゅう）ならぬ大雀蜂（おおすずめばち）の蜂ウイスキー（『なごや飲食夜話　二幕目』「食べて元気に！スズメバチ」参照）、蝮（まむし）酒を飲んで力を付けて山芋掘りに出発。お目当ての山芋だが、長細のハート形をした葉、それもちょっぴり黄葉したのが目印。でも似て非なるものがあるから要注意。その名はニガトコ。葉はやまいもそのもので芋も山芋に似ている。盗掘者が間違って持って行くのがこれで一番多いらしい。僕も食べてみたが、食べ初めは何ともないが、苦みを感じる舌の奥に行くと、猛烈な苦さだった。山を登っていくと屡々（しばしば）大きな穴に出会う。これは山芋盗掘者が掘った後を埋めないでそのままにしておくからだ。実にけしからん。それも片足しか落ちないので、通称「〇玉潰（つぶ）しの穴」というそうだ。急な山を登ること二時間。やっとお目当ての山芋の葉に出会った。途中美味（うま）そうな通草（あけび）（木通、山女、野木瓜とも書く）を見つけ十時のおやつに。絡みついた茎を辿（たど）って山芋がある地面に到着。これからいよいよ山芋掘りに懸かるのだが、掘る道具は特性のもの。二メートルの柄にシャベルならぬ半円形の筒状のものを取り付け、垂直にとんっと地面に突き刺すとその半円形の中に土がしっかりと入って穴が掘れる。この道具、小原村独自のもので、放送が終わった瞬間、この道具の購入方法についてたくさんの電話があったそうだ。掘ること二時間、やっと芋の先端まで掘り進んだ次第。途中で折れることなく、約二メートルの山芋が採れた。この後もう二本山芋を採り、意気揚々と引き上げた。引き上げる途中、天然のシメジを採ったが、枯れ草の中の茸（きのこ）は僕には全然わからなかった。

山芋が採れたとなると近所から男衆が続々と集まってきた。男たちみんなで山芋擂（す）り。山芋を伸ばすおつゆの出しは、小原村の清流で獲れた天然鮎の干したものと、山で採れた茸類。擂り鉢を使っての山芋擂りのコツは「お母ちゃんの尻撫でるように」だそうだ。でも時々は力をいれなイカンとのこと。なんやかやごちゃごちゃいっているうちに山芋が擂れた。擂り立ての芋は金杓子で掬っても、皆落ちてしまって掬えない。これに醤油をちょっと付けて、香りの王様、乾燥した皮茸（香茸）をちょっとふりかけて食べる。ツルッと入っちゃう。次に、出しでのばした山芋をご飯にかけて食べる。どれも最高の味だ。因みに、この集まりを「嗜好」と呼ぶ。土の中から宝物を掘る楽しみは、男たちだけの楽しみだった。（2012年12月）

ウツボにキンコ　陽の恵み

「光陰矢の如し」とは言い古された例えだが、今年ももう「師走」。俗に言う「先生（師）も走るくらいせわしい月」。「師走」は「仕果つ」すなわち、「何事もし終える」意とは、高校の国語の時間に教わった。今年も実に目まぐるしかった。中でも、三回に亘る御園座の大歌舞伎興行と一週間のインドネシア教育大学訪問。

この頃、御園座で歌舞伎興行があると、開演前に客席にその日の団体鑑賞客を入れて、舞台上で、上演される作品の見所・粗筋解説を行うことがとても多くなった（二十五日興行のうち十二回）。例えば今回なら、『嫗山姥』は源頼光の四天王成立譚と坂田金時出生の秘密譚の二つが主筋で、今回は後者部分のみが上演され、金時の母八重桐が夫時行との馴れ初めを語る「仕方咄」と、夫の魂が八重桐の体内に入って金時を身籠る件が見所と、約一時間かけて解説する。これがわかりやすいとなかなかの好評で、余計解説に引っ張りだことなった。歌舞伎は中核になる話をしっかり掴んでおけば、非常にわかりやすいのだが。

一方、インドネシア教育大学でのシンポジウムは、伝統芸能、文学、教育などの研究について、同大学で朝八時から午後六時まで、教員・学生を交えて、間断なく続けられた（インドネシア料理やワヤン人形も含めて、173ページで紹介）。

閑話休題。本題からちょっと脱線してしまったが、NHK「北陸東海　文さんの味な旅」の十八回目は、三重県志摩町（現志摩市）和具に、ウツボ料理とキンコ（芋）を味わいに。先ずはキンコ芋から。キンコ芋とは薩摩芋の一種隼人芋。秋に収穫した芋約四百キロを「芋つぼ」（深さ二メートルの収蔵庫で低温での貯蔵が可能）にとっておき、毎日少しずつ出して、大釜で煮て（茹でて）皮を剥き、1糎くらいの厚さに剥いで天日干しにする。所謂芋切り干し。生でもいいが、ちょっと焙ると甘みが増していっそう美味くなる。キンコの出来不出来の鍵は、冷たい西の季節風と晴天。当地は英虞湾と熊野灘に周囲を囲まれた半島で、秋には西からの季節風が強く吹くので、キンコ芋干しにとってはまことに好都合だ。

西の風と天日干しと言えば、ウツボもまた然りだ。志摩町は海女さんによる鮑・栄螺漁や伊勢エビ漁が有名だが、意外に知られていないのがウツボ漁。

ウツボは鱓と書き、單は「たいら」の意だが、辞書では「籐のつるを編んで作ったはたきを描いたもの。はたきは両側に耳があり、これでぱたぱたとたたき埃を落としたりする…このはたきは薄く平ら…」とある。ウツボの体形からの字か。音は「せん・ぜん」。鱓はウナギ目ウツボ科に属するだけあって、当地では「ウナギ」とも呼ぶ。

鱓は、日本近海には約四十種いるが、本州南部の海岸一帯に棲息するのが、アミウツボ・トラウツボ・コケウツボなど。円筒形の竹筒に鰺などの餌を入れ、円錐形の竹筒の尖った先を少し切り取って蓋代わりに内側に填め、海底に沈めておいたものを数日後引き上げる。今回は三つの筒に二十四入っていて大漁だった。

鱓を料理するには、内向きに生えている鋭い歯が危険なので、三枚に下ろす前に、おとなしくさせる必要がある。そこで登場するのが塩。何も金槌などで叩かなくても、食塩をバサッと振りかけると、鱓は激しくのたうち回って、身体のヌルヌルがとれて、敢えなく成仏。これを三枚に下ろして洗うと真っ白な身となる。これを背を下にして天日干しに。あの恐ろしい顔の鱓がこんなに美しいとは。天日干しにする前に、鱗の無い皮を剥いで鞣革にし、ハンドバッグや靴皮にも。

鱓料理は、生の身と中身を扱いて出した内臓を入れた味噌汁、天日干しの鱓の焙り、天ぷら、煮付け、炊き込みご飯（かなり匂うが、癖になりそうな味）や、幅五ミリに切り、一味唐辛子をしっかり掛け、煎ったものなどなど。帰名後、鮨屋の客に焙りものを皮を下にして振舞ったところ、鱓とは全く気づかず、美味いと評判だった。鱓と言っても恐れないで、貴重な蛋白源とするといった、日本人の自然との共生きの知恵を感じた旅だった。（２０１２年12月）

熊さんの猪肉

僕の行くお馴染みのパスタ屋さんのメニューに「熊さんの猪肉」なる料理が載った。これを見た客が言った。「これは熊肉か猪肉か?」。答えは熊さん（これは通称で本名熊谷さん・新城の山・臼子歌舞伎の名女方）の獲った猪の肉の料理だ。熊さんの猪解体の手腕は定評がある。曰く「熊さんの猪肉は獣の匂いが全くしない」。だから黙って食べさせると、何の肉だかわからない人がほとんど。熊さんは猪のみならず、鹿、熊、狸などの他、牛でも豚でも解体できるそうだ。もちろん獣臭く無く。熊さんの解体した牛の睾丸を生で食べた事があるが、食べた端は、それが何だかわからなかった。しかし、食べた事がない食べ物だった。問いただすと牛の睾丸。どえらゃぁびっくりした。熊さんに言わせると、新鮮なもので食べられない部位はほとんど無いそうだ。希望としては、一度食べたい狸汁。

ＮＨＫ「北陸東海　文さんの味な旅」の十九回目は、福井県遠敷郡名田庄村（現大飯郡おおい町）に、猪料理を味わいに。とくに猪の小腸の塩焼きに期待。名田庄村は県境堀越峠を越えると、京都府南丹市美山町となる典型的な山村。昭和六十四年一月の放送なので、ロケは前年十二月。冬真っ最中の極寒の中、ロケを行った。

ところで、名田庄村の地名の由来は、良質の米が採れたので「名田（めいでん）」、京都のお公家さんの荘園だったので「庄」。事実応仁の乱の時、戦火を逃れて、京都から名田庄村にお公家さんがやって来たということだ。それで又の名を「都（みやこ）忘れの里」という。

当時、猪は数が減っていた時期で、村人の言にも、昔ほど多くはないと。しかし、猪は米を食べる時期をよく心得ていて、稲刈りをする一週間前くらいに田圃（たんぼ）に来て、稲を食べ尽くしてしまう。頭数の激増した今では、田圃の稲を守るのは至難の業。僕も猪の食べた後の田圃を見た事があったが、大げさなようだが、一粒の米も残っていないように、実に徹底的に食べてしまう。其（そ）れもそのはず、瓜坊（うりぼう）五～六頭連れての猪夫婦一家だから。

名田庄村の猪狩り名人のお宅を訪ねた。十年で捕らえた猪約三百頭。猪狩りには犬が必要。名人は約三十頭の犬を訓練している。僕も猪狩りに参加。元気一番朝八時に出発。猪を求めて野鹿（のか）谷へ。先（ま）ずは「見切（みき）り」。猪の通った道、所謂（いわゆる）獣道（けものみち）を捜し、猪の居所の見当を付けるのだ。道ばたの斜面で猪の足跡が見つかったが、名人の話では、この足跡の道の左右から「たつま（立って待つの意）」を掛けて、この獣道に犬を放ち、猪を追い出すのだそうだ。そこで山に入ったのだが、これが何とも急峻（きゅうしゅん）な山。フウフウいいながら上っていく途中で、雪がぱらつき始めたなと思う間もなく、すごい吹雪になってしまった。これだから山は怖い。名人始め、猟師さんは、雪が積もってツルツル滑る急な斜面を、ピョンピョンと跳んで行ってしまったのには、驚いた。この日は残念ながら、猪には出会えなかった。この間、栃餅のご馳走にあずかった。雪も上がった翌日、再度猪狩りに挑戦したがこの日も駄目で、猪狩りは断念。でも、実を言えば、猪が鉄砲で撃たれるところは見たくなかった。したがって、期待していた猪の小腸の塩焼きは、〜お預けだヨ♪　今年九月、熊さんの、猪肉ではない、小腸をいただいて塩焼きにし、長年の願望をやっと遂げることが出来た。実に二十六年目の幸いだった。食べ物に対する執念は持った方が良い。仏教では執念を持つと、生まれ変わった時、人身には成れないと教えているが。

ところで、いつ頃から猪肉を食べていたか。「日本書紀」巻二十一崇峻天皇五年十月条に、

> 五年の冬十月の癸酉の朔丙子（四日）に、山猪を献ること有り。天皇、猪を指さして詔して曰く、「何の時にか此の猪の頸を断るが如く、朕が嫌しとおもふ所の人を断らむ」とのたまふ。

とある。崇峻五年（五九二）、崇峻天皇は蘇我馬子のために暗殺されたという。しかし、この頃からすでに、猪肉を食べていたということだ。たぶん、神様へのお供え物で、そのお下がりを

食べていたと思われる。宮崎県椎葉村（しいばそん）のある地区では、祭礼のお供えとして、今も猪肉を用いている所があると、ＮＨＫ「ふるさとの伝承」で見た事がある。日本人のご先祖は自然をとても大事にして、常に敬う心を持ち続けていた。（２０１３年１月）

冬はかも

春は花見　夏は涼み　秋は月見の酒盛りに
冬は雪見のちんちん鴨

常磐津の名曲『釣女』の一節。明治十六年十二月、それまで分裂していた常磐津派と岸沢派の和解の曲。狂言『釣針』を素材に常磐津曲として作られたもの。ここは、妻の無い大名と太郎冠者が、夢のお告げにより、西宮の恵比寿神社に詣でて、傍らに落ちていた釣り竿で妻を釣り上げるというもの。大名は見事美女を釣り上げる。太郎冠者も釣り上げた女性が美女だとばつかり思い込んで（実はものすごい醜女）、妻になってくれるように頼む台詞が冒頭のもの。僕も、昭和三十年小学校四年生の時、今は無い名古屋駅前の毎日ホール大劇場（現ミッドランドビル）の柿落としの雛菊会で、この曲の太郎冠者を演じた。醜女は幼なじみで同学年の鬘屋の園ちゃん。コンビとしては二年目なのだが、よく意気がピッタリとあっていたと評判だった。だけど「ちんちん鴨」の意味（男女が仲むつまじいこと。契りを結ぶこと。）はその当時全く知らなかった。河竹黙阿弥の作詞による本曲は、地芝居では義太夫節で演じられる場合が多い。

　この曲でも描かれたように、鴨料理は冬が旬（「ちんちん鴨」は意味が違うが）。NHK「北陸東海　文さんの味な旅」の二十回目は、石川県加賀市片野町に、鴨料理を味わいに。JR加賀温泉駅で降りて、県道一四五号線を南へ、途中で同一九号線に入り、さらに同一四〇号線に入り、北陸自動車道のトンネルをくぐってしばらく行くと、片野の鴨池が。

　この鴨池の道路沿いには僕の背丈よりも高い竹の柵がいって（「編んで」）あって、看板に「注意　野鳥がおどろいて飛び立つので、柵周辺での観察・写真撮影等は禁止します」とある。鴨などが人の気配に驚いて飛び立つと戻ってこないことがあるので。この片野の鴨池には鴨をはじめ、雁・菱喰（鴻）など約三万羽がシベリヤから越冬のため飛来する。片野の捕鴨組合では、池を中心に、周囲の田圃の持ち主にも依頼して水を張り、五・五ヘクタールの渡り鳥の棲息池を確保。

　ところで、ここでの鴨猟の特徴は、「坂網猟」。幅一・五メートル、長さ三・五メートルの逆二等辺三角形の網に一メートルの柄の付いた、重さ約七〇〇グラムの坂網を、飛んできた鴨に向かって空中高く抛り投げ、鴨が上手く網に入ると、逆三角形の頂点の部分が自然に抜け、鴨に巻き付いて捕らえられるという仕掛けだ。投げ上げる高さは一四～一五メートル。猟師一人の持ち網は約三〇本。

鴨は、夕方、あたりが暗くなりかけた五時半頃から約三〇分に亘(わた)って、餌場へ急ぐ。その際、鷲(わし)や鷹(たか)に狙われるのを防ぐため雑木林の高さすれすれに飛んで行く習性があるので、猟師は雑木林の木が高く伸びていかないように、ある程度の高さに切り揃(そろ)えておき、雑木林の蔭(かげ)に潜んで網を投げて鴨を捕る。実に知的猟法だ。

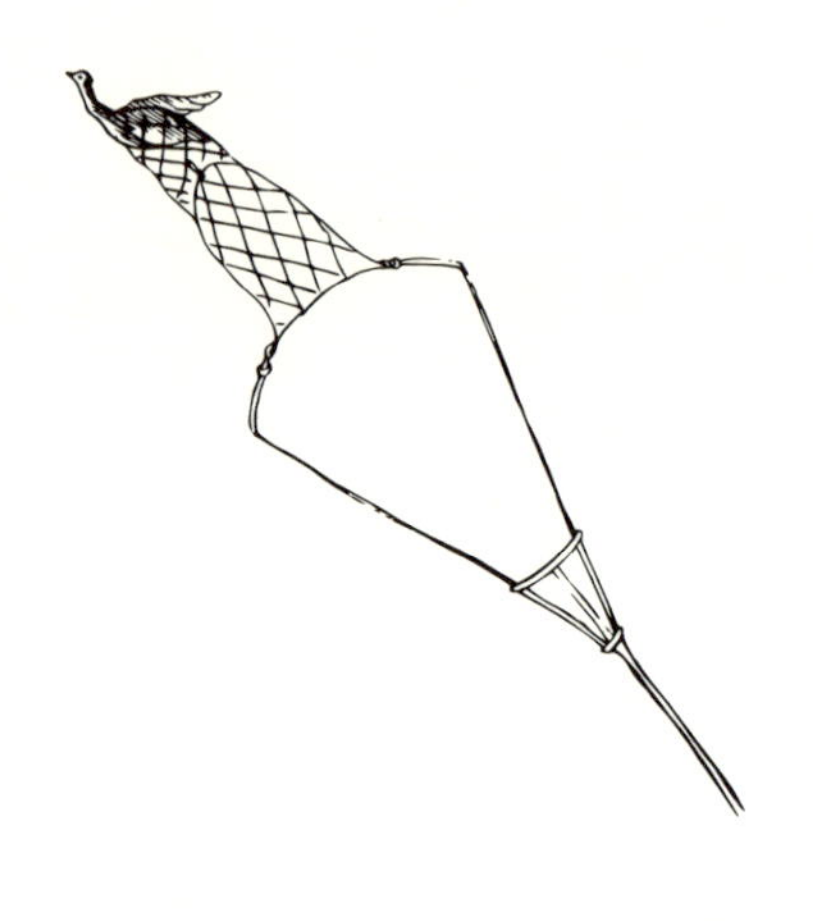

この坂網猟は元禄元年(一六八八)に始まった。「加賀國江沼郡捕鴨沿革畧 完」によると、大聖寺藩(加賀藩の支藩)の侍が魚釣りの帰り道、鴨が飛んできたので魚獲り網を投げ上げたら、偶然網の中に鴨が入ったところから、この猟が始まったとのこと。以来藩主をはじめ、盛んにこの猟法を行った。大聖寺藩では、これを武士の鍛錬として奨励した。

この猟の特徴の一つは、猟の時間が三〇分と短いこと。約三箇月間で獲れる鴨は約三〇〇羽で飛来する鳥の一分に過ぎない。だから長い目で見れば坂網猟師が鴨を保護してきたと言われている。また、鉄砲で撃たないため鴨が傷つかないので、鴨肉の味がはるかに美味い。僕がその鴨を味わったのだが、先ず二日前に獲った鴨の胸肉・モモ肉・肝・砂肝・心臓を全部生で食べた。とくに肝は血がたらたらの生々しい生。猟師が血を洗っては美味くない、そのまま食べるのがいいというので、そのまま食べたが、口の周囲に鴨の血がべっとりと。その時の猟師言葉。「先生、美味いか？　みんなが美味い美味いって言うけど、わしら猟師まだ食べた事が無いんだ」。鴨はやはりひきずり（すき焼き）がいい。此の方は本当に美味かった。日本の食文化はやはり自然を大切に、自然との共生きにその中心があると確信した次第。（２０１３年３月）

自然と共生き　味な旅

〽塩の匂いのする　土地にやって来ると
遠くの空から　聞こえてくるんだ
神様みたいな　優しい声で
あれは祖父(じい)ちゃんの　声だな
帰っておいで　どんな逞(たくま)しい
青年になっただろうって
戻っておいで　何万キロも
離れてる　わけでもないのに
戻っておいで　この海を
泳いで　泳いで

二十回続いたＮＨＫ「北陸東海　文さんの味な旅」譚(たん)も今回が大詰め。右の歌は河島英五作詞作曲の番組の挿入歌「祖父の島」（カラオケにもあるが誰も歌わない、否、歌えない）。「NHK北陸東海『文さんの味な旅』」の放送は、昭和六十二年四月九日が第一回。以来回を重ねて二十回。誰も知らない南山大の花の？助教授（今は准教授というが）だった僕が突然、この番組のレポーターに！　その経緯は『なごや飲食夜話　二幕目』「篠島　ニシ汁　ネカブ汁」に書いたが、そもそもは、前年の二月、「YOU」という若者向けの教育テレビ（今のEテレ）番組で、ディレクターの目にとまったらしい。

みんなの知らない人だったのに、放送してみると、第一回の「篠島」の放送の視聴率は十七％。二回目の「飛騨古川」のは二十三％。七回目の設楽町での「スズメバチ」はなんと二十五％で、その週の「風雲タケシ城」と並んでしまった。平均でも十七％をずっと維持していて、お化け番組とも言われた。

だから、翌年昭和六十三年の九月に、来年の三月で番組を降りたいと言ったときには、みんながびっくりしたそうだ。まだまだ続けたいというのがみんなの思いだったようだ。でも、僕はもう十分にやり尽くしたという感があったので、この辺が区切り時と判断した次第。好評なうちにやめるのがいいというのが僕の考え。いつまでも続けていると、飽きがきてダメになる番組が多いのは世の中の常。

『なごや飲食夜話　二幕目』で書き落とした話を、拾っておこう。先ずは二回目の飛騨古川。

ロケ二日目に、宿で夕食を食べ、その後飛騨牛のステーキ、カラオケの後はラーメン、翌日早朝アスパラを取りに行って、そこで大きなおにぎりを二つ、宿に帰って朝食、その後の餅つきで大きな草餅を三つ食べ、都合十二時間に六食食べた。これで肥えないわけがない。

また、水窪では栃餅を食べた。皮をとって曝し、灰汁を取り除いた栃の実を餅に搗きこんだもの。栃の実にしろ、蓬にしろ、手間をかけても、本当の自然の恵をいただく、これがいい。自然の力が僕の体内に入ってくる、そんな味わいだ。

海鼠漁は師崎だったが、海鼠のホイル焼きで、赤海鼠は鮮やかな赤に、青海鼠は鮮やかな青になった。しかも柔らかに。伊勢の有滝では鱏を食べたが、その前に、蝦蛄の浜焼きを。浜で焚き火をした後の残り火（熾き）に大きな金網を載せ、そこに蝦蛄を一面に置いて焼くといった豪快なもの。他のどこで食べたものよりも美味かった。また漁に出た船の上で、真夜中に食べた飯蛸のお付け（味噌汁）は、飯蛸を切らないでまるまる入れたもの。これもまた豪快。

小原村での山芋掘りの時、松茸は見つからなかったが、自生のシメジを採った。僕が見つけたわけではない。土地の人に、そこにシメジが有ると言われて、探しまくって、それでも見つからず、ごうを煮やした案内の人に、枯れ葉に埋もれているシメジを教えてもらい、やっと採った次第。でも、自生のシメジはスーパーのものとは段違いで、とても良い香りがあった。世に「匂い松茸味シメジ」と言うが、天然のシメジは味も匂いも最高。

しかし味な旅では食べ物だけではない。洞戸村の高賀神社に伝わる藤原高光の猿虎蛇退治伝説や、師崎での三丁艪船での銛による鯨漁の話などを紹介した。旅で訪れた先で出会った様々な文化に、僕たちの祖先が、如何に自然とともに生きてきたか、改めて思いを新たにした。今の世の中、自然の力を無視している。最も大事なのは自然との共生きなのだ。原発などといった自然を破壊する可能性のある物は、即刻退散させねばならない。（2013年4月）

第二章　「当世テレビ膝栗毛」編

浜名湖はボクメシ

かの弥次郎兵衛きた八……あら井の駅に支度とゝのへ、名物のかばやきに腹をふくらし休みゐたるに……

右は十返舎一九の『東海道中膝栗毛(ひざくりげ)』三編下で、弥次さん喜多さんが舞阪宿から今切の渡しを渡って新居宿に着き、お昼を食べたところ。浜名湖名物は江戸時代からウナギの蒲(かば)焼きだった。

今回から暫(しばら)くは、NHK衛星第2生放送（現NHKBSプレミアム）の「TV紀行　当世テレビ膝栗毛」から、東海道・伊勢路・木曽路の街道の江戸文化・食文化のお話。膝栗毛の弥次さん喜多さんよろしく、僕が案内役の弥次さん、ゲストが喜多さんで、第一回は、赤座美代子さんの喜多さんと東海道は三十一番目の新居宿。

江戸時代よく言われたのは「入り鉄砲に出女(でおんな)」。東海道では、「入り鉄砲」は箱根の関所。言うまでもなく、鉄砲が江戸に入れば謀反の恐れが出てくるから。一方、「出女」は武家諸法度で、大名の正妻と子は江戸に置かなければならなかったので、江戸から出ようとする女の詮議は厳しかった。それをここ新居の関所で行っていたのだ。一般の旅人の通行可能時間は明け六つ（午前六時頃）から暮れ六つ（午後六時頃）まで。門が閉まりかけた関所をどうしても通らねばならない人は、履いている草鞋を関所内に投げ込むと関所の通行が可能だったそうだ。関所役人の粋な取り計らいだ。

　ところで、舞阪から新居まではほんのちょっとだけれど、今切の渡しは船に乗らねばならない。浜名湖はもともと湖で海とは繋がっていなかったのだが、明応七年（一四九八）の大地震で長さ一里の切れ口ができ、海と繋がった。此の切れ口を今切と呼んだ。一里といえばかなり長い。遠州灘の荒波が容赦なく打ち寄せる。小舟での渡海は危ない。しかし、東海道を浜名湖の北を廻らせるのはあまりにも遠い。そこで、幕府は舞阪の方から新居に向かって杭を打ち込んで蛇籠を伏せ、これを二筋作って潮除け堤とし、その間を水路とし、渡船を通した。その渡船から上がったところが関所。現存する唯一の関所。

　ここの名物の一つは「手筒花火」。太めの孟宗竹を長さ一メートル〜一・五メートルに切り、茣蓙（菰）を巻き、さらに荒縄を巻く。この竹筒に花火の火薬を入れて出来上がり。この火薬の入れ方が問題。お尻の方から火薬を詰めるのだが、ビシッと詰めるのではなく、少々緩やかに詰めた方が、炎がたくさん高く上がり、さらに燃え尽きるとき爆発して、華麗に終えることが出来るそうだ。何にもせよ手筒花火に火を付けて、片手で抱えて火の粉が雨のように降り注ぐのを、熱さをじっと我慢して、火薬が燃え尽きるまで持ちこたえるのが、新居の男の中の男。使用済みの手筒花火の筒は、魔除けとして玄関などに置いておくのだそうだ。

閑話休題。「膝栗毛」にも書かれたように、ここの名物は鰻(うなぎ)の蒲焼き（鰻の蒲焼きについては『なごや飲食夜話』「春のうなぎ」参照）。ここでの名物は「ボクメシ」。「ボク」は君僕の僕ではない。鰻はほとんどが養殖、これを養鰻(ようまん)という。かつては路地（露天）で養殖した。その池替えの時、全ての鰻を掬(すく)い出すのだが、少しは底に残っている。これを残鰻(ざんまん)という。池の底で何年も生きてきたので、古木のように太く育ってしまった。これは普通の蒲焼きには出来ない。そこで養鰻婦人会が考案して、所謂(いわゆる)「櫃(ひつ)まぶし」よろしく、蒲焼きを細かく切り、そこに牛蒡(ごぼう)の千切りを加えた。これが「ボクメシ」。「ボク」は古木の木(ボク)だった。ここに「もったいない」精神が生きている。大事にしたい。かつては浜名湖の南側には養鰻池がたくさんあったが、今はほとんど無くなってしまった。今は西尾市一色町が日本一と聞いた。

ところで、この番組では「今朝の膝栗毛」と題して旅に関する簡単なクイズを行った。第一回目は、歌にある、

お江戸日本橋七つ立ち……

の「七つ」とは何時頃か、という問題。言うまでもなく午前四時頃のこと。昔の人は早起きして、できるだけ距離を稼いだ。足の強さは格別だった。（2013年5月）

御油・赤坂の旅籠(はたご)飯・雲助飯

夏の月御油より出でて赤坂や　芭蕉

NHK「TV紀行　当世テレビ膝栗毛(ひざくりげ)」の第二回は、案内役の弥次さん（僕）と金澤明子さんの喜多さんで赤坂の宿。御油(ごゆ)と赤坂の宿の間は東海道五十三次中最も距離が短い（十六町＝約一・八キロ）のでこの句が出来た。夏の夜は短い。御油から出たかと思ったら、赤坂辺りで赤く（明るく）なってきてしまったの意か。

御油・赤坂は東海道の松並木で有名だが、これを旧東海道と新聞でもテレビでも言い立てている。これは間違い。古東海道ならまだしも。東海道は唯一無二だ。国道一号線は新東海道、東名は新々東海道と言うべき。ここの松は姿といい、数といい（約三百本）日本一だ。保存が大変だと思う。

御油は五十三次のうちの三十五番目、赤坂は三十四番目の宿。宿駅間の距離が短いので、慶長五年（一六〇一）の家康による東海道設置時は、五位（御油）・赤坂で一宿分。東海道五十三次と言うが、江戸日本橋と京三条大橋を加えると五十五次。

御油も赤坂も、天保末年に旅籠（はたご）は各六十二軒ずつ（東海道宿村大概帳）。因（ちな）みに前回の新居は二十六軒、熱田（宮の宿）は二百四十八軒。熱田には江戸時代以来営業している旅籠は無いが、赤坂には一軒、大橋屋があった。平成二十七年三月廃業の後、豊川市に寄附された。創業は慶安二年（一六四九）だから、約三六〇年続いた旅籠。中央に「大宿所」と書かれた大提灯（おおぢょうちん）、左手に「大橋屋」と大書された看板を横に見て、中に入ると、街道に面した玄関・帳場と二階は三部屋。江戸時代の旅籠そのもの。さらに玄関の吹き抜けの天井には駕籠（かご）が一挺（ちょう）かかっている。この宿の主人の駕籠だとか。一度火事があったが、懸命の消火活動の結果、奥は焼けたが、ここは無事だったそうだ。不幸中の幸いだった。この二階屋に宿泊できたが、江戸時代の雰囲気を大切にしておられたので冷暖房無し、部屋の仕切りは襖（ふすま）のみ。でもト

イレは現代風。

旅籠の襖といえば、弥次さん喜多さんの泊まった赤坂の宿で、その夜婚礼があり、新婚の二人が泊まった部屋が隣だったので、弥次さん喜多さん、とても気になり、耳を澄ましているうちはまだよかったが、隣が静になったので、二人の声を聞き逃すまいと、襖に寄りかかって聞いているうち、とうとう襖が二人の部屋の方に倒れ、大騒動となった次第（『東海道中膝栗毛』四編上末）。この話の宿が大橋屋であろうか。

閑話休題、この辺り、ＪＲ東海道線はその一山（ひと）南の蒲郡（がまごおり）を回って、名鉄名古屋本線はほぼ東海道に沿って走っている。この違いを現地で訊ねたところ、ここ御油・赤坂は江戸時代以来駕籠舁（か）きの勢力の強いところで、鉄道が通ると職場を奪われると、初めての鉄道敷設に大反対したそうだ。それで、国鉄（当時）はやむなく東海道を離れ蒲郡の方へ迂回（うかい）。

大橋屋の名物に「旅籠飯」と「雲助飯」があった。後者は、丼飯の上に、焼いた大豆大の赤味噌（みそ）（岡崎八丁味噌）と、焼いて短冊に切った油揚（あぶらげ）、千切りの根深（ねぶか）をかけたもの。これを食べてみると、いくらでも食べられる。赤味噌はとっても食欲をそそる。これを腹一杯食べれば、大きな力が出ること請け合い。それに身体が冷えない。駕籠を担いで駆けるにはもってこいの食べ物。大橋屋のご主人が、土地の古老に聞いて創作。

一方、「旅籠飯」は、所狭しとお膳（ぜん）一杯に並んだ料理。ご飯に赤味噌のお付け（味噌汁）、鰤（ぶり）

の煮物、飛竜頭（雁擬）の煮物、茗荷の酢味噌和え、茄子の糠漬。こちらは当時としては中々豪勢なもの。中でも鰤の煮物は、赤坂では高級品。海は南へ山一つ越えた約十キロ先の蒲郡。今は三河湾オレンジロードで清田トンネルを抜ければ、いとも容易く蒲郡へ出られるのだが。当時手に入りにくかった新鮮な魚貝類がお膳に並ぶということは、大橋屋は旅籠の中でも格が高かったようだ。だから一般の旅籠飯よりはハイクラス。これも大橋屋のご主人が、『東海道中膝栗毛』や当時の「仕入帳」を参考に復元。

旅籠飯も雲助飯も現代の食事から見れば質素そのものだが、栄養価は高い。我々も古人に習って、栄耀に惚けて餅の皮を剥かないようにしたい。

（2013年6月）

英雄豆味噌を好む

をかし、男ありけり。…三河国岡崎といふ所に到りぬ。そこを岡崎とは、ちやうりあるによりてなむ、岡崎と思ひける。その宿の家に立ち寄りて、旅籠飯くひけり。…

右は寛永十六～十七年（一六三九～四〇）頃成立の仮名草子『仁勢物語』。『伊勢物語』百二十五段を逐語的にもじったもの（パロディではない）。ちょっと引用が長くなったが、キーワードは二つ。一つは「旅籠飯」、もう一つは「ちやうり」。旅籠飯は前回「御油・赤坂の旅籠飯・雲助飯」で紹介。赤坂宿とは違ったと思われるが、多分大同小異。問題は「ちやうり」。古典の注釈などには、「茶売りか長吏（一種の官吏）かよくわからぬ」などとあるが、これは岡崎のことを知らない人の注。『岡崎市史』などには、月二回塩座茶座の市が立つとある。塩は言わずと知れた饗庭塩（吉良の塩）。茶は額田郡額田町（現岡崎市）宮崎の名産。

しかし、「茶売り」にはもう一つ意味があった。遊女の隠語。寛文四年（一六六四）刊の『糸竹初心集』中巻に、

〽岡崎女郎衆　岡崎女郎衆　岡崎女郎衆はゐい上らうしゆう　岡崎女郎衆はゐい上らうしゆう

という流行小歌「岡崎」が収録されている。岡崎の遊女は夙(つと)に知られていた。岡崎の事がわかっていれば「ちやうり」は知らなくても赤味噌(みそ)なら、誰でも知っている。NHK「TV紀行　当世テレビ膝栗毛(ひざくりげ)」の第三回は、案内役の弥次さん(僕)と金澤明子さんの喜多さんで、岡崎(オカザキ)はカにアクセントを付けるのは間違い。平板に言うのが正しい。)の宿。岡崎名産と言えば、その誰でも知っている八丁味噌。大豆十割の赤味噌。作るところが、岡崎城から八丁西の八帖(はっちょう)町にあったのでこの名が付いた。

ところで、歌ばかりで恐縮だが、岡崎には「岡崎五万石」なる民謡がある。

〽五万石でも岡崎様は　アーヨイコノサンセー　お城下まで　船が着く　ションガイナ　アーヤレコノ　船が着く　お城下まで　船が着く　ションガイナ　アーヨーイヨーイ　ヨイコノサンセー　まだまだ囃(はや)そー

この歌の「お城下まで　船が着く」に注目。八丁味噌の材料は大豆・食塩・水。岡崎地方は矢作大豆で知られた大豆の産地。塩は前記吉良の饗庭塩、水は矢作川と三拍子揃った、絶好の味噌作り地。ただし塩分濃度は白味噌・合わせ味噌に比べて断然低い。豆麹で作られるのが特徴。大きな木の樽で二年間（二夏二冬）以上寝かせて作る（天然醸造）。この時大事なのが味噌に加える重し。人が持ち運びできる程度の重さの石を木桶の上に円錐状に積む。木桶の中の味噌は重さ約六トン、重しの石は約三トン。石の上にも三年と言うがここでは石の下にも三年か。これらの石は、岡崎から矢作川、巴川を上って信州まで塩を運んだ船が帰りに、石を積んで「お城下まで船が着く」宜しく、岡崎まで戻ったそうだ。

この豆味噌の始まりは明確ではないが、徳川家康や織田信長など、戦国時代のこの地域の武将は、好んで軍場に携帯し、竹皮に包んだ豆味噌を舐めながら闘ったという。いざという時のエネルギー源、空腹時の非常食として重宝がられた。保存期間が他の味噌に比べ、約二倍の六箇月〜二年と圧倒的に長く、長期の戦いの時も役立った。現在、この豆味噌の需要地は愛知県以外には徳島県のみ。阿波の徳島は江戸時代全般に亘って、海部郡美和町（現在あま市…何でこんな名に変える必要があったのか理解に苦しむ）出身の戦国武将蜂須賀小六を祖とする蜂須賀家の領地だったので、豆味噌の食文化が伝播した。

僕の友人が、東北出身の女性と結婚したとき、お祝いの代わりに、八丁味噌を贈った。しかし、この奥方は、八丁味噌は黒褐色に黒々としていたので、お付け（味噌汁）を作ったとき、色を見ただけで濃い味と錯覚し、馴染(なじ)みの味噌汁の色になるまで薄めてしまった。ただでさえ塩分が少ないのだから、その味は推して知るべし。僕は白味噌や合わせ味噌はどうも苦手。豆味噌と溜まり（くどいようだが、溜(た)まり醤油(しょうゆ)なんて存在しない）という三河岡崎・尾張名古屋の伝統の味は深く、美味(うま)い。ずっと残したい。（2013年7月）

猫じゃ猫じゃと…有松絞り

〽猫じゃ猫じゃと仰（お）っしゃいますが
猫が傘さいて　杖（つえ）突いて
絞りの浴衣で
おっちょこちょいのちょい
おっちょこちょいのちょい

猫の両手をもって立たせ、踊らせる猫踊歌。猫に傘をさす仕草や杖を突く仕草をさせた後、「絞りのゆかた浴衣で」で猫の両手を「かいぐりかいぐり」させ、「おっちょこちょいのちょい」で猫の両手先を左右にちょんちょんと振らせる。我が家には常に犬と猫がいた。犬は血統書付きの純日本犬だったが、猫はもらい猫か、勝手に入ってきた猫。その猫に踊らせるので、嫌がって途中で逃げたりする猫もいたが、たいていはおとなしくされるがままになっていた。

この歌は「猫じゃ猫じゃ」で知られた江戸端唄（はうた）。歌詞が良かったからか、江戸時代後期以後、替え歌もたくさん作られて、一種の流行歌となったようだ。もっとも江戸端唄の方は「猫が傘さいて　杖突いて」以下が、「猫が、猫が下駄はいて、絞りの浴衣で来るものか」となっている。この江戸端唄に言う「猫」は男か女か。端唄に歌われるのだから、粋(いき)な芸者さんか。いずれにしても猫そのものではあるまい。それが名古屋では猫そのもの。とすれば、歌詞の解釈も違ってくる。猫踊りは名古屋独自のものかもしれない。猫踊りといえば四代鶴屋(つるや)南北作、文政十年（一八二七）江戸河原崎座初演の『獨道中五十三驛(ひとりたびごじゅうさんつぎ)』の岡崎無量寺の場（岡崎宿の話となっているのだが、実際は西尾の荒寺。南北は岡崎と西尾間の距離がよくわかっていなかったか。また無量寺と言えば、杜若(かきつばた)で知られている知立の無量壽寺があり、それをモデルにしたか。）で、三代猿之助の化け猫婆が二匹の猫を踊らせるのがある。歌詞は「猫じゃ猫じゃ」ではないが、猫踊りの趣向は似たものがある。

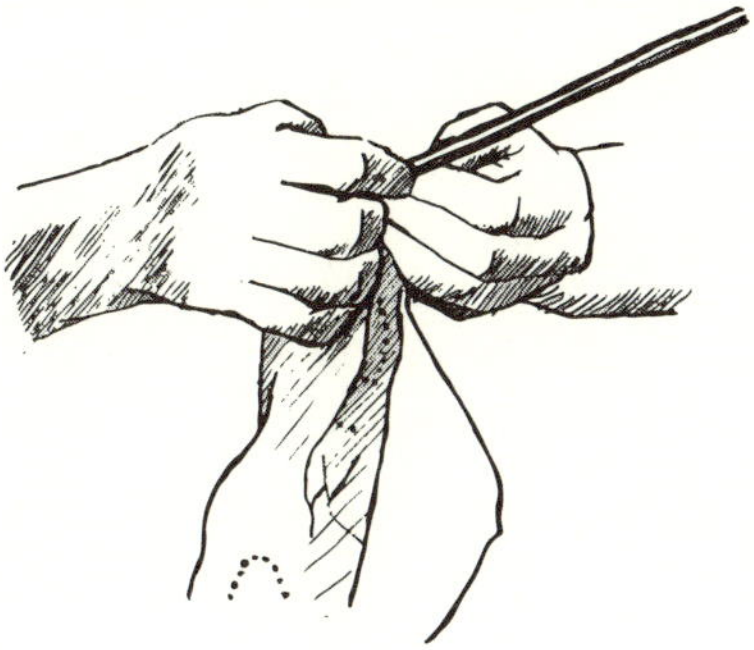

　ところで、ここに歌われる「絞りの浴衣」だが、「絞り」ときて、すぐ頭に浮かぶのが「有松絞り」。ＮＨＫ

「TV紀行　当世テレビ膝栗毛」の第四回は、案内役の弥次さん（僕）と歌人水原紫苑さんの喜多さんで、鳴海・有松の宿。岡崎の次は池鯉鮒宿、その次が鳴海宿で、その間約11キロと長く、間宿として有松が置かれた。名古屋市内としては、珍しく町並みなどに江戸時代の東海道風景が残っていて、江戸時代の街道の情緒を満喫できる。「膝栗毛」の弥次さん喜多さんは、絞り屋を散々からかって、買ったのは手拭い一筋。絞りの方法は色々あるが、全て手絞りのみ。手先の器用さに長年の経験が物を言う世界。簡単な物でも出来上がりまでに2～3箇月かかるという。

有松絞りは、慶長十三年（一六〇八）有松村開村のため、知多阿久比庄から竹田庄九郎以下八名が移住し、名古屋城築城の時、豊後の者が着用していた絞り染めを参考に、くくり染めを考案したのが始まりと言われる。寛永十八年（一六四一）に二代藩主光友に絞り染め手綱を献上、また、豊後の医師三浦玄忠の妻が国許のくくり染め技法を有松で伝授し（三浦染め）、その技術はますます発達、尾張藩の保護・奨励もあって現在に到っている。ただし、絞り染めの原点はアフリカ起源で、早く九州に伝わっていたとされる。

さて、十返舎一九時代の文化二年（一八〇五）刊の旅行案内記に「早見道中記」なるものがある。その「ちりふよりなるみへ」に、

あいつま（逢妻）川、はしあり○今岡村（安城）、めんるい名物也……○あり松、此所しぼり
　のめいぶつ○右にちりふ大明神の社あり

とある。安城名物の「めんるい」といえば素麺。全国的に見れば、三輪素麺、小豆島素麺、播州素麺などなど色々あるが、安城の素麺もなかなかのもの。江戸時代天明年間（一七八一～一七八八）、天明の飢饉の頃、安城の和泉地区の農民が素麺の製法を覚えて作ったのが始まりとされる。今もこの地区では素麺の生産が盛んだ。流し素麺など冷たい素麺もいいが、僕は煮麺が好き。

小田原の梅干しといい、ここの素麺といい、街道の宿々で、思いもよらぬ名物を味わうのが旅の何よりの楽しみ。（２０１３年９月）

通な都々逸熱田発

〽宮の宿から　雨ふるわたり
　濡れていくぞえ　名古屋まで

この歌は言わずと知れた都々逸。「ふるわたり」は地名「古渡」を掛ける。宮宿の女が名古屋の男の許へ逢いに行くのだが、あいにくの雨降り。雨に濡れながらも、男との逢い引きを、濡れるのを楽しみに、名古屋へ急ぐ。

「濡れて」が「濡れに」だと、もっと生々しくなるのだが、そこをさらりと躱しているなかなか通（粋）な歌だ。

明治四十年（一九〇七）に熱田と名古屋が合体するまでは、熱田と名古屋は別。僕の親も「今日は名古屋へ行く」といって出かけたものだ。余談だが、熱田の人は名古屋より熱田の方が上位だという誇りを持っている。斯く言う僕も熱田人で、それは当然だと思っている。そういえば、今年は熱田神宮創祀千九百年。熱田の方が断然古い。尾張一宮もあるが、熱田神宮が尾張

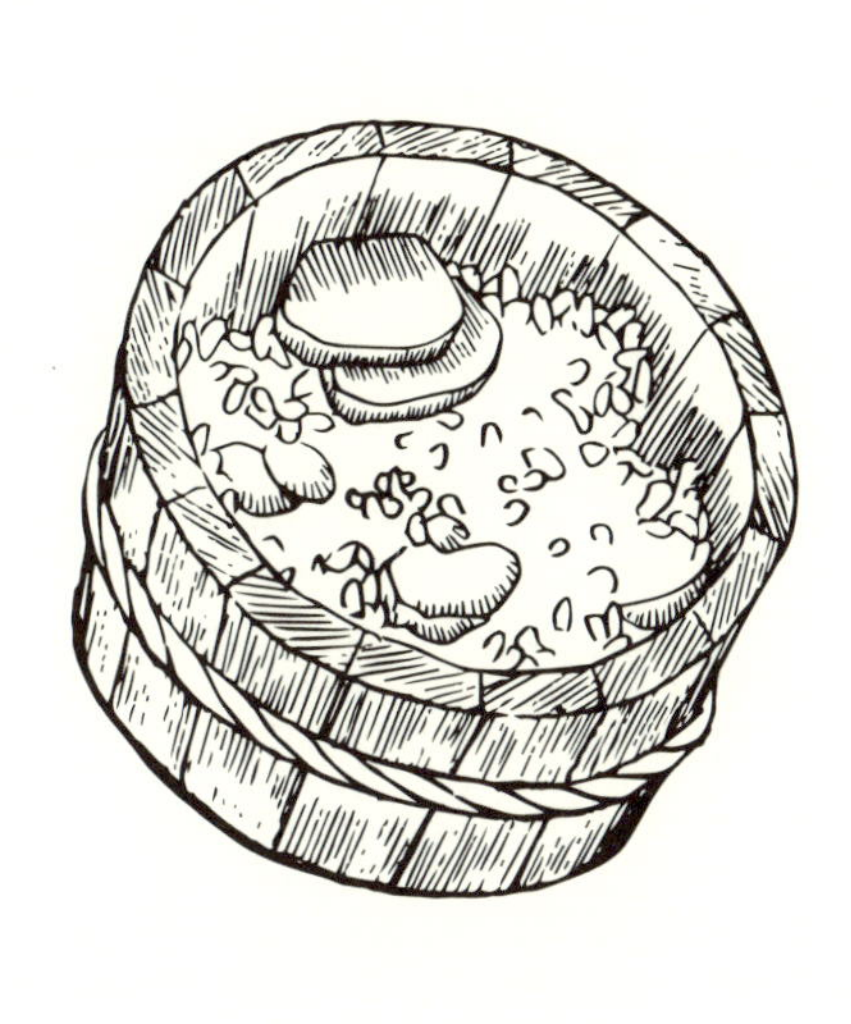

の中心の一つであったことは明白だ。

ＮＨＫ「ＴＶ紀行　当世テレビ膝栗毛」の第五回は、案内役の弥次さん（僕）と歌人水原紫苑さんの喜多さんで、熱田宮宿。十返舎一九の「東海道中膝栗毛」では、弥次さん喜多さんはせっかく熱田宮宿まで来たのに、黄金の鯱にも関心を示さず、熱田さん（熱田神宮）にも参らず、神戸の波止場（今は七里の渡し場としか言わないが、江戸時代、ここは波止場という名称がある。それが全く忘れ去られてしまっているのは困ったことだ。）から桑名へ渡っていってしまう。これではあまりに残念と名古屋の作家東花元成が、「四編の綴足」を書き、弥次さん喜多さんが名古屋に行き、大いに遊ぶという補足をした。

詞型は近世に大流行した七七七五。越中富山の風の盆の踊り唄も、「吉原はやり小歌総まくり」の小歌も七七七五。

享和の初め（一八〇一）頃、宮宿は築出（宮宿の東端で入り口）に鶏飯屋なるものができた。鶏飯とは名ばかりで、唐黍（とうきび）を煮てその汁でご飯を炊き鶏の脂のように見せかけた、謂（い）わば鶏飯もどきを出し、そのお給仕をする仲居目当てに客がどんどん来た。仲居と言っても単なるお給仕のみならず、同時に色も売っていたから。この鶏飯屋の人気は高く、雨後の竹の子のように、次々と七軒も出来た。その仲居の中で、お亀という仲居の人気が極めて高く、お亀目当てに客がわんさかと来、ついには鶏飯屋の仲居の総称となった。

その頃、宮宿は東海道随一の宿場で、多くの旅人が往来していた。天保年間の旅籠（はたご）の数は二百四十八軒。宗春の経済政策の成功で名古屋商人の実力がついたのが大きい。旅人が多いのは、新幹線で東京・大阪間の乗客が断然多いのと同じだ。東西からの多くの旅人の中には、東の潮来（いたこ）節、西のよしこの節を、当地で歌う者がいたと見えて、この潮来節とよしこの節を足して二で割ったような節が出来た。人呼んで「神戸節（ごうどぶし）」。この神戸節の名人が、お亀の一人、お仲。都々逸は漢字を宛てると、これ以外に「都々一」「殿々奴」。「どどいつ」の語源は、

〽お亀買うやつ奴　天窓（あたま）で知れる
脂つけずの　二つ折れ
そいつは　どいつじゃ　どいつじゃ

どどいつどいどい　浮き世はさくさく

という「都々逸」の囃子詞から「どどいつ」なる呼称が生まれた。これをお亀の一人、お仲が持ち前の美声で歌ったところ、大評判で、旅人の口から江戸、上方に伝わり、江戸では天保八年（一八三七）頃、都々逸坊扇歌なるものが流行らせた。ここから都々逸が江戸の粋とよく言われるが、それは真っ赤な間違い。都々逸は飽くまで熱田の通なのだ。

　最近都々逸と「鶏飯」で町興しを企画していると聞く。お亀の鶏飯屋は鶏飯擬きだったが、「当世テレビ膝栗毛」では、本物の名古屋コーチンを使った「鶏飯」を食した。名古屋では鶏肉とは決して言わない。すべて「かしわ」。「かしわ」は、かつては「黄鶏」と書き、和鶏で羽の色が茶色（茶褐色）のものを言った（『なごや飲食夜話　二幕目』「かしわのひきずり」参照）。かしわのひきずり（すきやき）もいいが、炊き込みご飯もまた格別。かしわの他に入れ込むのは、家々土地々々によって異なるが、我が家では人参・ゴボウ・蒟蒻などを入れて炊き込む。どえらゃあうまゃあ。かつての鶏飯屋の鶏飯擬きより、遥かにうまいことは間違いない。（2013年10月）

煮ても焼いても桑名の蛤

今年の伊勢は第六十二回の遷宮で持ちきりだ。伊勢の神様が生まれ変わって（蘇って）新しい正殿に移られる。この儀式が遷宮。この行事については、稿を改めて書くつもりだが、ここでは桑名に由縁の話を。

遷宮は、何といっても神様が生まれ変わられるのだから、御正殿を始め、宇治橋から参道の木の灯籠まで全て新しくされる。この遷宮の一つ前の第六十一回遷宮の時、新聞の投書欄に掲載されたのは、まだ使える木なのに、新しく作り替えるのは、木の無駄遣いではないのかというような内容だった。これは遷宮について認識不足の論。伊勢の内宮外宮の正殿の棟持柱は、二十年経つと宇治橋の鳥居の柱となり、さらに二十年経つと、桑名と関の鳥居の柱となる。ここまで来るとさすがに鳥居の柱も土中から地上の高さ二メートルくらいまでは銅板の覆いが付けられる。ここで二十年経つと、表札やその他の木製品、神社の神殿から箪笥の引き出しの前板などにまで生まれ変わる。実に無駄が無い。これこそ日本文化だ。ＮＨＫ「ＴＶ紀行　当世テレビ膝栗毛」の第六回は、案内役の弥次さん（僕）とエッセイスト木村治美さんの喜多さんで、桑名宿。

七里の渡し浪ゆたかにして、来往の渡船難なく、桑名につきたる悦(よろこ)びのあまり、名物の焼(やき)蛤(はまぐり)に酒くみかはして、かの弥次郎兵衛　喜多八なるもの、やがて爰(ここ)を立出たどり行ほどに、此頃(このごろ)旅人のうたふをきけば、はやりうた

「しぐれはまぐりみやげにさんせ　宮のお亀が情所(なさけどこ)　ヤレ　コリャ　よヲし　〱よし」

『東海道中膝栗毛五編上』の冒頭の文。ここに挿入された歌は、前話に記した都々逸(どどいつ)同様少々怪しげなしかし通(つう)な（粋(いき)な）歌だ。弥次さん喜多さんは熱田の宮には参拝しなかったが、ひょっとしたら鶏飯屋でお亀と遊んだかもしれない。

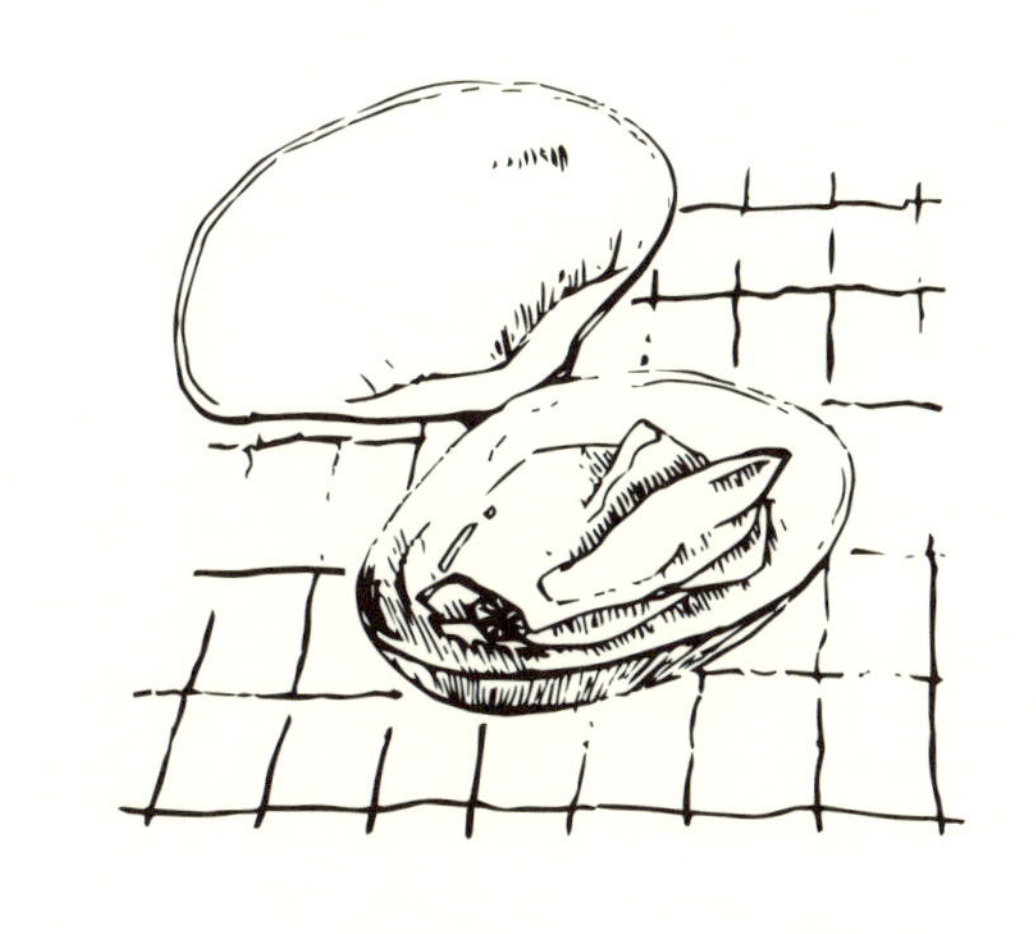

閑話休題。今回の題「煮ても焼いても……」だが、よく知られた諺(ことわざ)に「その手はくわなの

焼蛤」がある。なぜ「焼蛤」で「煮蛤」ではないのか。ご当地グルメではないが、蛤は煮るよりも焼いた方がいいという人が江戸時代から多かったのだろう。僕も焼蛤は大好き。焼くという言葉の縁でいうと、『古事記』上巻「大国主神」の条に、

八上比賣、八十神（大国主神の兄弟の多くの神）に答へて言ひしく「吾は汝等の言は聞かじ。大穴牟遅神に嫁はむ」といひき。故爾に八十神怒りて大穴牟遅を殺さむと共に謀りて……火を以ちて猪に似たる大石を焼きて、転ばし落しき。爾に追ひ下すを取る時、即ち其の石に焼き著かえて死にき……神産巣日之命……𧏛貝比賣と蛤貝比賣とを遣はして、作り活かさしめたまひき。爾に𧏛貝比賣岐佐宜（削り粉）集めて、蛤貝比賣、待ち承けて、母の乳汁を塗りしかば、麗しき壮夫に成りて、出で遊行びき。

とある。「母の乳汁を塗る」は、母乳ではなくて、蛤の汁を𧏛貝や蛤貝の貝殻の粉と混ぜ合わせ、塗ったという意。つまり、蛤の汁や貝殻粉は火傷の薬なのだ。これにて思い当たることは、僕が保育園時代、火鉢に懸かっていた薬缶の沸騰した湯を左手に被り、冬のこととて、着ていたセーターを、親が慌てて脱がしたため、腕の皮がベロリと剥けて悲惨なこととなってしまった。その時の治療に、我が家に伝来の秘薬、蛤の貝殻に入った、紅色の塗り薬を使ったところ、み

るみる回復してビックリだった。六十年以上前のことだが、今にして思えば古事記時代からの火傷の妙薬だった。

ところで、焼蛤といえば、まず、松の葉を多く集めて焼き、その残り火（熾(お)き）で蛤を焼くのが本道。松の葉の焼けた香りと蛤の焼けた香りが混じってえも言われぬ香り、と言われるが、今は何でも備長炭の時代。松葉焼きの焼蛤は食べた事がない。香りで人を呼ぶと言う手段は、鰻蒲焼(うなぎかばやき)きや烏賊(いか)鉄板焼きなど数々あるが、焼蛤が一番。一方蛤には時雨煮もある。こちらは寛政九年（一七九七）刊の『東海道名所図会(ずえ)』に、「初冬の頃美味なるゆへ時雨蛤の名あり、溜(た)豆油(まり)にて製す」とある。今も時雨と言えば蛤の場合が多いが、蜆(しじみ)や白魚なども。貝でも木でも、先人の智恵には学ぶところが多い。（２０１３年11月）

伊勢の白子は型紙、鰯

白子名物数々あれど、子安観音、伊勢型紙、鼓ヶ浦の海水浴場。この辺りは、霞(かすみ)ヶ浦、千代崎、鼓ヶ浦と海水浴場だらけ。霞ヶ浦は保育園の時に連れて行ってもらった。不断見慣れた知多の海とは異質の水色の海だった。沖縄のエメラルドグリーンとは言わないが、記憶ではよく似ていた。あの美しい海はどうなってしまったのか、近鉄でこの駅を通り過ぎるとき必ず思い出す。それから鼓ヶ浦。高校・大学の時、屡々(しばしば)行った海。実は僕の友人のお姉さんがこの辺りのお寺に嫁いでいた。このご夫婦、大変忙しいお二人だったので、留守番に行く友人に付いていって、合宿よろしく海で泳いだり、徹夜で遊んだものだった。このお寺こそ、子安観音・不断桜で世に知られた真言宗白子山観音寺。別名子安観音寺。NHK「TV紀行　当世テレビ膝(ひざ)栗毛(くりげ)」の第七回は、案内役の弥次さん（僕）と料理研究家石橋エータローさんの喜多さんで白子宿。

寺伝によると、子安観音寺の由来は、聖武天皇の天平勝宝年間（七四九〜七五六）に、この浦に鼓の音あり、怪しみて網を下ろしけるに、鼓に乗り観世音の尊像あがらせ給（たま）う、帝（みかど）これを聞こしめし、伽藍（がらん）建立ありて勅願寺となりぬ、妊婦安産の霊験あり

とある。また、不断桜は、ご住職の話では、天正十年（一五八二）本能寺の変の時、堺にいた徳川家康は、主従約十騎ばかりで、堺から、伊賀忍者の助けを借りて峠を越え、白子の観音寺に着き、芝舟で伊勢湾を横断、常滑の絲引寺正住院裏に着き、休息を取って大高城に帰った。不断桜は、一説に、家康がこの時のお礼として観音寺に贈ったとされる。

もう一つの白子名物は伊勢型紙。石橋さんと伊勢型紙の工房を訪問。型紙は捺染（なっせん）（布地に型紙をあて、染料をすり込み型紙の模様を染め出すこと）に用いる模様を彫った厚紙（地紙という）。地紙は和紙を柿渋で何枚も（二～三枚）貼（は）り合わせ、燻煙（くんえん）や天日乾燥を繰り返して、約二ヶ月かかって製品にする。これを彫るのだが、彫り方にもいろいろ

あって、道具彫り、錐彫り、突き彫り、引き彫りなどの手法がある。また紙を補強するために、糸入れとか、紗を漆で貼ったりする。彫り方は、もちろん手彫りが主流だが、僕が彫り師に機械彫りはないかと尋ねたところ、近年は機械彫りも現れているということだ。試しに手彫りと機械彫りで染めた布を見たところ、その差は歴然だ。染め具合の味わいが違う。手彫りには、機械彫りに無い、彫り師の心意気が感じられて、飽きが来ない。江戸小紋などは粋の神髄といったところ。こういった地域伝統文化を大事にしていきたいものだ。

ところで、白子は港町でもあり、また、漁師町でもある。この番組で訪れたときは、カタクチイワシ漁の真っ最中。鰯には、マイワシ、カタクチイワシ、ウルメイワシなどがあるが、僕は、刺身にしろ丸干しにしろカタクチイワシが好み。正和元年（一三一二）成立の『玉葉和歌集』の所収歌（二七三一番）に住吉明神の歌として、

いよの国　うわのこほりの（宇和の郡）のうおまでも
われこそはなれ（私は身を変えてなるのだよ）　世をすくふとて

がある。安永四年（一七七五）刊の『物類称呼』は、この「うお」を鰯としている。いつからこの「うお」が鰯と解されていたかはわからないが、玉葉集の時代に、京の歌人が、この「う

お」の種類を明確に認識していたとは思われず、『物類称呼』の筆者が、それを「鰯」としたのでなかろうか。因みにお正月のおせち料理の定番の一つ「田つくり」も鰯の一種「小いわし」。

鰯料理もさまざまあるが、主なものは刺身か塩焼き、煮物。西洋ならアンチョビで、イタリアン料理などによく使われる。鰯の良いところは頭から食べられる点。お節料理の鯊（はぜ）の甘露煮は頭の骨がちょっと気になるが、鰯はそれがない。鈴鹿漁協の副組合長さん曰（いわ）く、これが最高の食べ方。新鮮な生鰯の頭を取り、次に指で内臓を取り、腹側から開いて背骨を尾の方から取り、最後に片身を頭の方から皮を剥（は）いで、これを塩水で洗い、そのままパクリ。鮮度のよいものは指で料理とは聞いていたが。実にうまかった。（２０１３年12月）

伊勢は津でもつ　千歳山

〽伊勢は津でもつ…は伊勢音頭。その後の詞章は〽津は伊勢でもつ…。突然の「千歳山」とは何か。せっかくの津なので、少々拘って、僕が二十年以前から係わっている、津の西方千歳山に居を構える、伊勢商人川喜田家由縁の石水博物館のお話を。

でも、今回はNHK「TV紀行　当世テレビ膝栗毛」の第八回なので、案内役の弥次さん(僕)と料理研究家石橋エータローさんの喜多さんで、真宗高田派本山専修寺を中心とした津市一身田を尋ねた話をちょっと。寺域全体が堀に囲まれていて内側が寺内町、外側に門前町。門前町にはかつて遊廓もあり、賑わったそうだ。百二十年前からある元気な飴屋さんを尋ねた。当地の習慣としてお七夜にはお多福飴(愛称おたやん)でお多幸を祝うという。

ところで石水博物館は、川喜田家十六代川喜田久太夫政令(号半泥子)が昭和五年に設立した財団法人石水会館が母体。半泥子は陶芸家として夙に知られた人。東の魯山人西の半泥子と並び称される。石水は十四代政明。

平成七年三月より、僕の名大大学院の先輩、愛知教育大学の教授だった岡本勝氏が三重県史の仕事を引き受けられ、特に石水所蔵の芝居番付の調査が、我々を巻き込んで行われた。僕の専門は浄瑠璃・歌舞伎研究だったので、僕にとってはまたとない機会。調査を進めていくうちに、石水にはどえらけなゃあ（とてつもなく）貴重な文献資料が山のようにあることが判明。三重県史の作業終了の後、岡本氏を研究代表者にして、我々は科学研究費補助金の給付を受け、調査研究を進めたが、それでも埒があかず、さらに科研費を受けて進めた（この時は岡本氏が他界された後だったので、氏の遺志を継いで僕が代表者に）。そのあらましを記すと、近世演劇資料として、諸種の番付が八千点、役者評判記が百五点、浄瑠璃資料として、浄瑠璃本が三百点、番付等が六百点、浮世絵が千三百点、謡曲関係資料が百点、からくり人形が五点（何れも他に存在を見ないもの）、源氏物語や古今和歌集などの古典文学書とその注釈書、近世の和歌や俳諧、小説や紀行、随筆、国学書、歴史書、地理書、漢籍も勿論、などなど、あらゆる方面に亘る。その他に新発見の文献資料が何点もある。これらの全てを逐一紹介したいが紙面の都合も

あり絞りに絞って紹介する。

　先ずは曲亭馬琴の『著作堂旧作略自評摘要』（著作堂は馬琴の別号）。こう書くと何だか物々しいが、その内容は、馬琴七十八歳、すでに眼が見えなくなっていたので、嫁のお路に自作の読本を読ませ、自作の評価を行い、お路代筆で一冊に纏めた。それがこれ。初期の十八作品に、○●などの記号を付け評価を示す（○は評価が高く●は低い）。これを松坂の木綿商小津桂窓が写し持っていた。それを川喜田家十三代遠里が、親交のあった桂窓から譲り受けたとされる。桂窓が馬琴を支援し、また遠里は桂窓を通して馬琴の著作を多数購入しており、それぞれの人脈がこの本の行方を決定づけた。この本は、これまでその存在すら全く知られていなかったもので、馬琴研究・近世小説研究の第一級資料であり、演劇研究や出版研究にも益するもの。

　川喜田家は初代以来家業に精を出し、店の基礎が固まり経済的にも余裕の出来た九代目から文芸活動に勤しみ、前記の如き膨大な文献資料を収集・維持してきた。松坂の木綿商長井家からの資料の購入、藩主藤堂家や京都の公家武者小路実蔭・息高松重季、冷泉為村、文学者の北村季吟、西山宗因、式亭三馬、山東京伝、大田南畝、本居宣長、同春庭、同大平らとの交際も緊密だった。このように川喜田家代々の当主は、伊勢の地にありながら、京や江戸の文化に関わり、地元の文化人達とも親しく交わり、古今東西の文化を味わいつつ、その交渉を助け、育て、維持してきた。

こうした豪商達のお陰をもって、現在の日本文化がある。このありようが崩壊し始めている。鉢巻を締め直す時期に来ている。

石水博物館の目と鼻の先に、半泥子ご贔屓(ひいき)の割烹(かっぽう)はま作がある。ここでは半泥子作の焼き物に料理を盛って出してくれる。皿、ぐい呑み、茶碗(わん)、それぞれに半泥子の製作意図が窺(うかが)われて、得も言われぬ味わいだ。（2014年1月）

松坂、宝は大人(うし)と牛(うし)

今回は「うし」。「大人」は「うし」と読んで、師匠や学者・先人を敬っていう語、「牛」は言わずと知れた「松阪牛」。NHK「TV紀行　当世テレビ膝栗毛(ひざくりげ)」の第九回は、案内役の弥次さん（僕）と写真家沼田早苗さんの喜多さんで松坂宿。この地は、古くから北畠(きたばたけ)領だったが、蒲生(がもう)氏郷(うじさと)が入城して「松坂」と改称、城下の整備に尽力した。その後、紀州和歌山藩領となり、伊勢街道の宿場町、伊勢商人の発祥の地として栄えた。明治二十二年町制制定の時、「松阪町」となった。

先(ま)ずは「大人」から。松坂で大人(うし)と言われる人はただ一人、『源氏物語』の「もののあはれ」論『玉の小櫛(おぐし)』、『古事記伝』で夙(つと)に知られた本居宣長(もとおりのりなが)（本居大人(もとおりのうし)）。「大人」として世に知られたのは、宣長の他に、県居大人(あがたいのうし)（賀茂真淵(かものまぶち)）がいる。本居大人は、実家の家業が木綿問屋。松坂は松坂木綿が有名。歌舞伎などで、よく「呉服／太物(ふともの)」なる暖簾(のれん)の懸かった店先が、道具立てに出てくる（例えば『青砥稿花紅彩画(あおとぞうしはなのにしきえ)（白浪五人男）』の浜松屋の場）が、この「太物」は木綿、因(ちな)みに「呉服」は元々中国は呉の服ということで、「絹織物」のこと。尾張は知多木綿（ここから有松の絞染に繋(つな)がっていく)、その他三河木綿、伊勢木綿があり、この辺りは木綿の一大産地でもあった。

したがって木綿商も多く、特に伊勢は、津の川喜田家、松坂の三井家、長谷川家、長井家、津田家などといった錚錚(そうそう)たる木綿問屋が、江戸店を持って活躍した。その豪商のうちの一家が本居家。当然宣長も家業を継いで松坂商人となる筈(はず)だった。しかし、宣長の勉強好きの性格や、家業が少し傾きつつあった状況も手伝って、宣長の母は、宣長を医者にするべく、京都に遊学に出した。この母の、宣長は商人には向かないという英断が、結果として宣長を国学者たらしめた。宣長は京都で医学を学ぶ傍ら、漢学・儒学・古文辞学（古語の意義を研究・解明する学問）・古典学を学び、国学者として大成した。宣長の本業？は勿論(もちろん)医者。松坂は紀州藩の飛び地だったので、宣長は紀州藩お抱えの医師となり、晩年は奥医師になった。因みに、給金は年俸で九十両余だったとか。番組では豪商長谷川家を訪ねた。豪商故に、極めて質素な生活を送っていた。現在、唯一残る江戸時代の豪商の住居だそうだ。また、江戸時代の手織り木綿を復活させようという試みもあるそうだ。

閑話休題。もう一つの「うし」は松阪牛。最近は「〇〇牛」なるブランド牛の花盛りで、「ここにもあったか〇〇牛」というありさま。そうかと思えば、ブタも負けてはおらず、日本全国に「〇〇ブタ」が出現している。その中でも、「松阪牛」はブランド中のブランド、最高の牛肉。

但し、「松阪牛」は品種としての呼称ではなく、但馬牛、宮崎牛、佐賀牛など、全国各地から黒毛和種の子牛を買い入れ、松阪市とその近郊で飼育された牛のこと。その元は農耕用の但馬牛の雌牛だそうだ。だから松阪牛肉は雌に限るという。明治以降、肉食が普及して、肉牛の生産が始まり、昭和十年（一九三五）に東京で行なわれた『全国肉用牛畜産博覧会』で名誉賞を受賞して、「松阪牛」は一躍高級ブランドとなった。家族同然の飼育で三十六カ月が食べ頃だそうだが、最近は二十八〜三十カ月が出回っているとのこと。

我々弥次さん喜多さんが食したのは、コンクールで優勝した松阪牛の網焼き。百グラム三万円の肉は驚愕の味。何とも言い難い美味さ。表現の言葉がない。ＮＨＫのスタッフにも食べないかと勧めたのだが、皆遠慮の塊で手を出さなかった。後で我等の顔を見て、悔やむこと頻り。この撮影にはまだ裏があって、放送当日は早朝、台風接近で生放送が出来ず、後日の総集編のため、昼頃撮影に訪れたのだが、ご主人の機嫌が悪く、スタッフは困惑。僕がご主人に「何で撮影がダメなの？」と訊いた途端、ご機嫌が直った。何でも、衛星で全国に放送されるとあって、全国の知人友人に見てくれと連絡したのに、放送中止になってがっかり。それで不機嫌だったとか。何とも愛すべきご主人。この人こそ第三番目の「大人」。松坂には「大人」が多い。（2014年4月）

伊勢は遷宮　熱田は遷座

〽伊勢はナーア津でもつ　津は伊勢でもつ
尾張名古屋はヤンレ城でもつ　コラコラア
ヤートコセー　ヨーイヤナ
アリャリャー　コレワイセー
コノヨイトコセー

夙に知られた伊勢音頭。詞型は七七七五調で都々逸など近世流行唄に共通のもの。近世後期には伊勢音頭の錦繪が大量に出された。広告も兼ねていたのだろう。彩色が実に艶やかで、ずらっと並んだ遊女の総踊りの、謂わばグランドレビュー絵だ。宝塚やＳＫＤも顔負けの華やかさ。参拝の後はこうして直会を楽しんだ。『東海道中膝栗毛』五編追加では、伊勢にやって来た弥次さん喜多さん、内宮へ参拝もせず、連れになった京の男と伊

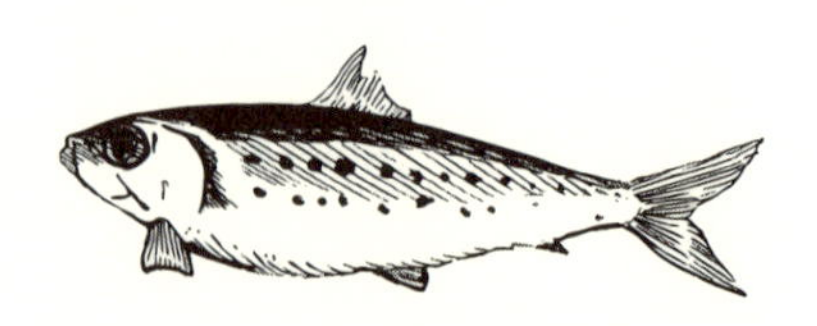

勢古市の揚屋「千束屋」に上がり込んで遊んでしまう。宮の宿で泊まりながら、熱田さんにお参りしなかったのと同じだ。ＮＨＫ「ＴＶ紀行　当世テレビ膝栗毛」の第十回も、案内役の弥次さん（僕）と写真家沼田早苗さんの喜多さんで伊勢参宮。

昨年は第六十二回の遷宮。伊勢の遷宮は二十年に一度。一般には、伊勢の神様が二十年に一度お引っ越しをなさるという。しかし、ただのお引っ越しではなく、生まれ変わって、新たに蘇ってのお引っ越しだ。だから、お住まいもお道具も、全てを新しくせねばならない。御正殿はもちろんのこと、参道の木製灯籠まで。勿論宇治橋も。さらに欄干の擬宝珠の中には願いを込めたお札が納められ、二十年間維持される。また、遷宮の道具や飾りは、全て精進潔斎をした職人によって作られる、とても神聖なもの。これらは二十年経ったらどうなるのか。例えば正殿の棟持ち柱。外宮内宮で合計四本になるが、これらは宇治橋の

両端の鳥居の柱となる。さらに二十年経つと桑名と関の鳥居（いずれも伊勢神宮一の鳥居）の柱となる。伊勢の遷宮で最も大事なことは、日本文化の根幹がいくつもそこに示されているということ。すなわち、ここで用いられるお供えの中心は稲（神宮では「しね」と称する。正殿のミニチュアともいえる同じ作りの、お供え用の稲を貯蔵する倉は「御稲御倉（みしねのみくら）」）、正殿やその他は木造、新しく作り替えても、元の木材は無駄にせず、前述の棟持ち柱のように、六十年は伊勢の地で用いられ、その後は表札や箪笥（たんす）の引出の前板などに下賜される。その他の木材も地方の神社の社殿等に使われている（68ページ「煮ても焼いても桑名の蛤」参照）。日本文化の特色は、稲作文化、木の文化、無駄の無い文化、それに縦書きの文化。これらを全て含んでいるのが遷宮。

現在遷宮といえるのは伊勢神宮だけ。熱田は遷座。江戸時代は熱田も遷宮と言っていたが、現在は遷座と言っている。遷宮も遷座も宮居を替える意ではほとんど変わらないが、呼称を変えて区別するところに意味があるのだろう。そういえば、熱田も今は神宮だが、江戸時代までは熱田社、熱田の宮と呼ばれた。「宮の宿」の呼称はここからか。因（ちな）みに神宮は伊勢神宮だけだった。また、伊勢のご神体は八咫（やた）の鏡だが、熱田は草薙（くさなぎ）の剣。これによって熱田の神は日本六十四州を守るが、伊勢の神は日本文化を守る。

今も印象に残るコマーシャルソングに、

〽いじゃないか　いじゃないか　いじゃないか　伊勢の名物　○○餅は　いじゃないか

なるものがあった。言わずと知れた○○餅。この○○に入る語は「返馬」「二軒茶屋」「赤福」だ。以前は「お福餅」も。それに「伊勢うどん」「生薑（しょうが）糖」。「返馬餅」は伊勢参宮街道の終点小俣宿で売られたもの。ここまでは馬で来て、ここから馬を返して、徒歩で参拝に出かけた。「二軒茶屋餅」は、舟で伊勢に来る人は瀬田川を遡（さかのぼ）って二軒茶屋の船着き場で降りて参拝、その茶屋のもの。二軒とは餅屋とうどん・すし屋。「赤福餅」はよくご存じのもの。尾張七代宗春の治世下、名古屋でも売られた。『遊女濃安都（ゆめのあと）』に「これ、伊勢国より飛びきたりて、砂糖沢山に入るなり」とある。また、広告に「もちくふかあ」（逆に読めば「あかふくもち」）とあったとも。「生薑糖」は伊勢と出雲が産地という。伊勢のものは長五角形で、神宮のお札形（熨斗（のし）形）、有り難い形だ。また、伊勢うどんは太目の麺（めん）に溜（た）まりの濃いおつゆをかけたもの。餅とうどんはいずれも米・麦が原料。ここにも穀物文化があった。（2014年5月）

川は木曽川　筏は檜

〽木曾のなあ〜あ　中乗りさあああん
木曾の御嶽山はぁ　なんじゃらほい
夏でも寒い　よいよいよい
〽木曾の懸け橋　太田の渡し
鳥居（碓氷）峠が　無かゃぁよかろ
〽木曾の銘木　檜に花柏
杜松や翌檜に　高野槇

NHK「TV紀行　当世テレビ膝栗毛」もいよいよ大詰近く、伊勢路から中仙道木曽路に入り、その始め、数えて第十一回は、案内役の弥次さん（僕）と映画評論で知られた小森のおばちゃまこと小森和子さんの喜多さんで太田宿（美濃太田）。

此のところ「飲食夜話」の冒頭の書き出しには歌謡が多いが、江戸時代を彷彿とさせるにはやはり歌謡が一番。右は、「なかのりさん町長」伊東淳の尽力や昭和三十八年八月ＮＨＫ「みんなのうた」で、ザ・ピーナッツの歌で紹介されて、知らぬ者も無くなった木曽節の古型。江戸時代から流行小歌として歌われていた。「中乗り」は、木曽川下りの筏師の称とも、三宝荒神の真ん中乗りの称とも。「杜松」は檜科の常緑樹、「翌檜」は「あすなろ」の異名。木曾街道六十九次最大の難所「木曾の懸け橋」と、「太田の渡し」、「鳥居（一説に碓氷峠」が中仙道三大難所と言われた。

その「太田の渡し」のあったのが太田宿。太田の渡しが難所と言われたのは、少し川上に木曽川と飛驒川の合流地点があり、太田の渡し辺りは水量がとても多かったからだ。

表木曾・裏木曾で切り出された檜は、筏で運ばれてくるが、水量が増えたこの太田宿で、丸太二〜三本から五〜六本の筏に組み替えて名古屋（熱田）まで運んだという。筏師もここで交代し、ここまで運んできた筏師は筏を操ってきた柄の長い鳶口を、重心を上手くとって肩に担いで木曾へ帰って行く。馴れているとはいえ、長さ五メートルほどもある竹竿の重心を上手く取って、手を使わずに担いで歩くのが実にみごとだった。

水量の増加はしばしば川の氾濫をもたらした。明治以降だけでも十六回床上浸水があったという。そのため、この辺りは常に水害に対する備えもしっかりと出来ていた。木曽川右岸に近い、太田宿の脇本陣、享保七年（一七二二）築の林さん宅には、江戸時代からの様々な備えが今も残っている。天井から吊った木枠に障子を上げて水から守る「上げ障子」、床を筏替わりになるように厚手の板で作ってある「床筏」、天井から吊した腕木に提灯を掛けて闇を照らす「提灯掛け」など、咄嗟の天災に対応する仕掛けだ。

しかし、何も悪いことだけではない。恵みの川でもあった。豊かな水は様々な産業を生み出した。名古屋市の水道水は、ここから少し下流の愛知県犬山市辺りで取水した木曽川の水を使っているが、全国一美味い水道水だと定評がある。豊かな水量は美味しい水なのである。

太田宿では、この木曽川の伏流水を利用して酒造りが盛んだ。脇本陣向かい側の、太田宿でも名の知れた造り酒屋は、美濃加茂市長も務めた、僕の東海中学・高校の友人渡辺直由君が社長だったが、昨年亡くなってしまった。なかなか美味い酒で、僕もよく貰って飲んだ。友は亡くなったが、僕は今も呑んでいる。あっさりとした味で、気をつけないといくらでも飲めてしまう。また、酒粕を使って、漬け物（粕漬け）作りも盛んだ。とくに地元産の瓜（かりもり）を漬け込んだ粕漬けは絶品。酒だけではなくて、ここでは焼酎も造られている。その焼酎に梅の実を漬けた焼酎梅も美味い。

脇本陣の林さん宅では、味噌・醤油などの醸造業を行っていた。脇本陣内の煙突の無い巨大な竈突（竈）がそれを物語っている。

太田宿はまた、かの有名な坪内逍遙が幼時を過ごした所でもある。ここには尾張藩の番所があって、尾張藩士だった父がこの番所の詰役になったために、逍遙もこの地にやってきた。逍遙の歌舞伎・邦楽を愛でる性格の基礎は、ここの豊かな自然で培われたのかも。

世に木曽三川と言われるが、僕に言わしむれば、東に男木曽川暴れ川、西に女揖斐川和ら川、中に美し長良川だ。川の流れをもっともっと大切にしたいものだ。

（2104年6月）

中仙道は地芝居まっさかり

駄右〽五つ連れ立つ雁金(かりがね)の五人男に模(かたど)って
弁天〽案に相違の顔触(かおぶれ)は誰白浪(しらなみ)の五人連れ
忠信〽その名も轟(とどろ)く雷の音に響きし我々は
十三〽千人余りのその中で極印うった頭分(かしらぶん)
南郷〽太えか布袋(ほてい)か盗人(ぬすっと)の腹は大きな胆玉(きもったま)

文久二年（一八六二）江戸市村座初演の歌舞伎、河竹黙阿弥(もくあみ)作『青砥稿花紅彩画(あおとぞうしはなのにしきえ)（白浪五人男）』の四幕目「稲瀬川勢揃(せいぞろ)いの場」の後半、五人男が捕手(とりて)に囲まれて言う渡り台詞(ぜりふ)。五人男とは、言うまでもなく、日本(にっぽん)駄右衛門を頭(かしら)に、弁天小僧菊之助、忠信利平、赤星十三、南郷力丸の五人。この場は、大歌舞伎でも地芝居でも上演頻度(ひんど)が最も高い。中仙道沿いの東濃地区には明治時代の芝居小屋が、相生座（瑞浪(みずなみ)市）、常盤(ときわ)座（中津川市）、明治座（中津川市）、東座（白川町）、ちょっと離れて村国座（各務原(かかみがはら)市）、更に下呂市の鳳凰(ほうおう)座、白雲座がある。さらに、昭和二十年代の小屋、蛭子座（中津川市）、五毛座（恵那市）・宮盛座（恵那市）などもある。地芝居用の舞台は江戸時代から全国で造られたが、客席も備えた小屋は全国広しといえどもこの地域にしかなかった。これらの小屋は、今も地芝居公演に使われているが、最盛期にはもっと多くの小屋があったという。この地区は、いかに地芝居が盛んであったかがよくわかる。

ＮＨＫ「ＴＶ紀行　当世テレビ膝栗毛」の第十二回は、木曽路の二回目で、案内役の弥次さん（僕）と画家で環境保全活動家の田島征三さんの喜多さんで、地芝居の中心的位置を占める大井（恵那）宿。ここは旅籠四十一軒の、美濃十六宿中最も栄えた宿場。

先ずは本陣。ここの本陣は千五百坪で、木曾街道中最大規模だった。昭和二十二年の火災で建物は全焼したが、門と樹齢九百年の松、味噌蔵が残った。門は往時の勢いを想像させるのに十分な貫禄。味噌蔵からは、本陣の生活文化を偲ばせる種々の道具や文書が出てきた。例えば、文久四年（一八六四）製作の芝居弁当六十個を運ぶ岡持、料理の秘伝書、刀、十手、裃、古九谷焼、輪島漆器、武鑑、借用書などなど。

この本陣近くに歌舞伎の貸衣裳屋がある。近隣の地芝居に、衣裳・鬘を貸し出し、顔師、床山、着付師も兼ねる。地芝居の場合は、中々人手が集まらないので、これらを全部兼ねることが多い。今は兼業の人がほとんどで、ここでお世話になった伊藤さんも本業は農協職員とか。伊藤さんの親までは歌舞伎関係裏方専業だった。少し前までは、それほど地芝居が盛んだった。

折角なので、放送時間内で僕も一芝居。と言うわけで、大急ぎで冒頭の白浪五人男の頭分、日本駄右衛門の拵えをしてもらい、テレビカメラの前で、全国放送した次第。名台詞をちゃんとやりたかったが、時間の都合上おしまいの「賊徒の首領日本駄右衛門」だけで見得を切った。この時本陣の林さんの奥さんが、例の岡持をもって駆けつけてくれた。弁当の中身は、ご当地大井宿にだけ伝わる芝居見物弁当の定番「きんちゃく飯」。油揚げに、米（生米）、松茸、蜂の子等を入れて炊き込んだもの。

芝居見物の楽しみの一つは、芝居を見ながら食べる弁当と酒だった。大歌舞伎でも地芝居でも、弁当を食べながら見物するのが当たり前。それがいつの頃からか、芝居（歌舞伎）見物中は飲食禁止が常識になってしまった。一説によれば、明治の維新政府は、欧化政策に性急で、ヨーロッパでは、オペラやバレエ、オーケスト

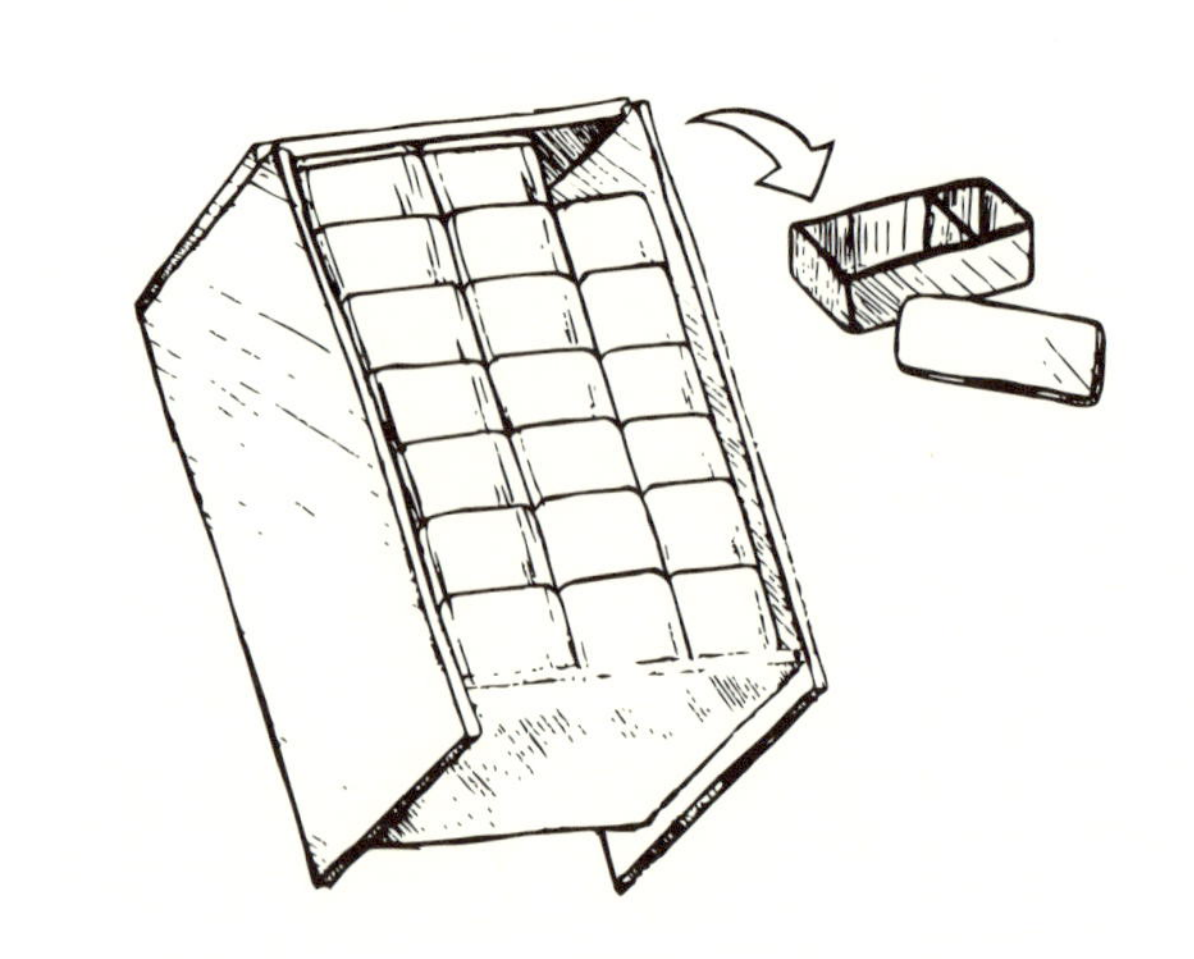

ラ演奏などは静かに鑑賞するのだから、我が国の芝居見物も、わあわあ騒いだり、弁当や酒を食するなど以ての外とし、江戸時代以来の鑑賞習慣を禁じたのだとか。先日金比羅大芝居に行き、開演中に弁当を食べようとしたところ、お茶子が「開演中の食事はご遠慮下さい」と宣った。即座に「僕は第一回からずっと来ているが、そんなことを言われたのは初めてだ。金丸座では、江戸時代以来の昔ながらの芝居見物ができ、飲食しながらの芝居見物が行われていたはずだ。」と反論したら、相手は黙ってしまったが、こういうことが伝統文化を破壊する第一歩だ。要注意。

　歌舞伎見物は鑑賞するのではない。役者も観客も一体となって楽しむものだ。地芝居には芝居文化が残っているのがうれしい。（2014年7月）

旅行けば栗きんとんに酒の香

秋来ぬと　目にはさやかに　見えねども　風の音にぞ　おどろかれぬる

右は『古今和歌集』巻第四「秋歌上」の巻頭歌。詞書に「秋立つ日よめる」とあるように、立秋の日の気配を詠んだ歌。自然と共に生きている日本人は季節の移り変わりに敏感で、幽かな変化を見逃さない。暑い暑い夏を夏越の祓でやり過ごすと、次の日には、密かに忍び寄ってきた秋風の音を聞き逃さない。好ましい秋の訪れには俊敏だ。

秋が来れば、月は清澄に輝き、秋草の花が咲き乱れ、山も紅葉し、豊穣の時を迎える。一年で最高の時である。しかし、それは衰微が忍び寄る時でもある。日々早くなっていく日没、野に鳴く虫、山に鳴く鹿の声に、この秋の悲しさを強く感じた。

だからこそ、最高の時は、目一杯味わう。「天高く馬肥ゆる秋」だ。秋も半ばになると、熱帯夜からも解放され、夏やせ気味だった身体に元気をつけさせようと、身体が自然に、食欲を要求してくるのだ。ところが最近は、地球温暖化のためか（ためだろう）夏・冬が異常に長く、春・秋はあっという間に過ぎ去ってしまう。まことに困ったことだ。誰だったか「美しい日本を取り返す」と宣った人がいたが。白砂青松の浜を取り返し、水田・麦畑をなくさないでもらいたい。

豊穣の秋。米の収穫はもちろんだが、果実も実りの時、柿・栗・葡萄・梨・蜜柑・林檎などなど。それに茸、松茸・しめじ・舞茸・皮茸・榎茸などなど。さらに、通草や自然薯など数え上げればきりがない。

中でも栗は「栗名月」と言うほどに、秋の実りの代表格だ。焼栗・茹で栗・栗御飯、甘露煮・きんとん・栗ようかん、モンブランにはマロングラッセ・マロンケーキ。マロンケーキで知られた東区の喫茶店。昔はもっと大きな栗がケーキの頂上に乗っていたが。それでもなぜか食べたくなる。

NHK「TV紀行　当世テレビ膝栗毛」

の第十三回、木曽路の三回目は、この栗を求めて、案内役の弥次さん（僕）と声楽家の齋藤昌子さんの喜多さんで、中仙道中津川宿へ。中津川宿は古くから木曽の物資の集積地として栄えた。現在も、ＪＲ中央線・中央自動車道・国道十九号線、将来はリニアも通る、この地域の交通の要である。もちろん地芝居も盛ん。合併後の中津川市には現在六団体ある。

　中津川は栗の一大産地。穫り立ての新栗で作る「栗きんとん」はこの辺りの名物菓子。栗にも色々種類があるが、なんと言っても、岐阜県原産の「利平」が最高級。ただ問題は種としては弱く量産不可。栗の美味い味ない（不味い）は、色・艶・重さ・固さで判断だが、黒みがかったものがよいとのこと。早速、茶巾絞りの栗きんとん造りの実習。僕は「利平」栗だけを使って、通常の十倍くらいの大きなのを作った。お土産にもらって帰り、抹茶で一服の時、食べたが、そのうまかったこと。

　恵那山の伏流水を用いての酒造りも盛ん。かつては造り酒屋が何軒もあったが、今では、清水垣内というところに、文化十年（一八一三）創業の一軒が残るのみ。ここは、水が命の清酒造りには必須の美味い清水が湧く。井戸には注連縄を張った屋根が被せてあった。切れのある辛口の飲みごたえのある酒。この酒蔵で斎藤さんの歌声が響いた。酒蔵コンサート。酒蔵は音がよく響くので、今は各地の蔵で盛んだが、この頃はその走りだった。

　中津川宿の高札場に、奉行の、正徳元年（一七一一）の「定」（ご法度）のお触れが掲げられているが、その奉行は竹腰山城守、成瀬隼人正。両名ともに尾張藩付家老、中津川は尾張藩領だった。

梲の揚がった家々を見ながら訪ねたのは、旅籠も兼ねた庄屋さんの家。元禄時代から続く家で、岩倉具視、三条実美らも宿泊したという。その家の庭園が見事で、岩倉具視は「暇あらば　明日も宿りて　楽しまん　軒の松風　庭の遣水」と詠んだ。その風情を味わいながら、ここで朝ご飯。栗ご飯にへぼ（地蜂…黒雀蜂）ご飯、胡桃に棗、茸類の権助・ろうじ・千本しめじ・いくち・松茸などが。秋の豊穣を満喫した。恵那山は実にええなも。（2014年9月）

旅の終りは五平餅

月日は百代の過客にして、行かふ年も又旅人也……予も……片雲の風にさそはれて、漂泊の思ひやまず、海浜にさすらへ……

とはよく知られた芭蕉の『奥の細道』冒頭。時は旅人、時とともに旅をしているのが人生。ならば、「流離う」ことは、もっとも主体的に生きること。

そんな大それた旅でもないが、NHK「TV紀行　当世テレビ膝栗毛」も大詰。木曽路の四回目は、妻籠宿。案内役の弥次さん（僕）と岸ユキさんの喜多さんで、妻籠に江戸の旅を捜しに。

妻籠は馬籠と並び称されることが多いが、中津川宿から落合川を渡って中仙道を東へ、馬籠宿・馬籠峠を過ぎて北に進むとやっと妻籠宿。馬籠も妻籠も江戸時代の旅籠や木製品・竹製品の製作・販売をする店が多いことで知られている。江戸の旅を彷彿させる所。

島崎藤村の『夜明け前』ではないが、「木曾路はすべて山の中」。この山また山には、うっそうと檜の銘木が林立している。こちらは所謂表木曽、中津川市の加子母辺は裏木曽と呼ばれているが、どちらにしても、ここら辺りは尾張藩の領地で、「檜一本首一つ」といわれた。木曽の山は、大切に、管理、育成されて、我が国の木の文化を支えてきた。伊勢神宮の外宮・内宮の正殿の棟持柱や、名古屋城本丸御殿の柱は木曽の檜だ。余談だが、我が家の生業は位牌作り(木地師)。位牌も檜が最上。

当然ながら、当地は木工文化の一大中心地。檜の製品が多いが、豊かな山に育つ多彩な樹木も使って、桶・盆・椀・俎板・笠などが、今も江戸時代の宿場の面影を残す町並みの店に並んでいる。

中でも、この地の特産は「お六櫛」。その起源は、元禄年間(一六八八～一七〇四)説、享和年間(一八〇一～〇四)説などあるが、いずれも村娘お六が作り始めたとある。一説に、お六が御嶽山のお告げにより、ミネバリ(峰榛)の櫛で髪を梳いたところ、持病の頭痛が治ったので、この櫛が評判になったという。ミネバリは斧折樺の異名。樺の木の一種。非常に堅い材質で精密器具に良いとされる。細い歯の櫛には最適の木。今まで、お六櫛は柘植だとばかり思っていたので、これには驚き。僕も髪梳き用の櫛を持っているが、本柘植の櫛は二四〇〇〇円もするので、二〇〇〇円程度の輸入の柘植製でじっと我慢。

ともあれ、腹が減っては旅も楽しめない。妻籠を含め、この辺りに広く分布しているのが、

「五平餅」。妻籠のは、でんでん太鼓風の平たい団子を三つ（上絵は二つのもの）、串に刺したもの。中仙道はこの形が多い。タレは味噌か溜まり（今は醤油）を基礎に胡桃・荏胡麻を混ぜ砂糖で甘みを。「五平」は「御幣」で、御幣を象ったところからの名称というが、別伝もある。木曽谷に住む「五平」なる人物の創製説。三河地区では御幣形、中仙道は団子三兄弟ならぬ団子三つの串刺し形。こちらは「五平」説になるか。いずれであれ、日本文化の要稲作文化の核、米を材料に神を敬う尊い形「御幣」に仕上げた。旅の空腹を「御幣」で補うとは。

「旅は道連れ世は情け」「袖すり合うも多生の縁」など、旅の諺は多い。最近は旅も多様化して豪華客船で世界一周とか、食べ歩き、名所巡り、城跡探訪など個性に合った旅が楽しまれている。このように旅が楽しまれるに至ったのは、家康の街道整備のお蔭。それまでは旅は大変、命がけだった。庶民も比較的気軽に旅に出るようになった江戸時代後半に書かれた、画期的旅行案内書が『東海道中膝栗毛』。享和二年（一八〇二）から文化六年（一八〇九）にかけて順次刊行された。江戸から京坂へ、著者自ら旅する現地取材をもとに、江戸っ子弥次さん喜多さんのコンビの失敗談で読者の笑いを誘いつつ、各地の習慣・方言・産業・見どころ・食文化など、多岐に亘って書き続けた。好評で、弥次さん喜多さんは、さらに宮島まで行き、帰りは木曾路を通り、高崎から上野に戻った。この一連の「膝栗毛」は文政五年（一八二二）まで二十一年間書き続けられた傑作。個性的な旅への憧れは芭蕉のみならず、庶民も持っていた。流離いの旅もまた良きかな。（２０１４年10月）

第三章　「文ちゃまのお気に入り」編

冬はめでたい宮重大根

世に大根○○はいくつもある。例えば、大根足、大根役者などはあまりいい意味ではない。芸の下手な未熟な役者を大根役者という。亡くなった二代尾上松緑が、御園座の舞台に立つと、花道七三あたりに陣取った観客から「大根大根」といつも声を掛けられていたそうだ。余談だが、「役者を誹謗中傷するようなかけ声は慎んで下さい」というような場内アナウンスを聞いたことがあるが、それは逆でしょうと言いたくなる。そんなことで芸が出来ないようなら、そんな役者は明日から役者を辞めてもらいたい。言われたら奮起して芸に邁進するのが、真の役者。松緑はさすがで、当人を楽屋に招いて訊いたそうだ。どこが大根なのかと。招かれた当人、当人が観た九代（團十郎）、十五代（羽左衛門）、六代（菊五郎）、（初代）吉右衛門らの芸のありようを説き、だからもっと芸に精進せよと宣ったそうだ。松緑もこれには兜を脱ぎ、以来芸が格段によくなったと言うことだ（母から聞いた逸話）。

今回はそういった芸の大根ではなく、食料の尾張名物宮重大根。水分が多いせいか、同じ大きさの他の大根に比べて、遙かに重い。また細胞が密なせいか煮壊れしにくい。だから、風呂吹きやおでん（関東煮）にはもってこい。何よりも味がいい。実はこの宮重大根、文化元年（一八〇四）～六年刊の『東海道中膝栗毛』五編上の冒頭には、

宮重大根のふとしくたてし宮柱は、ふろふきの熱田の神の慈眼す、七里のわたし、浪ゆたかにして……

とある。「ふとしくたてし」は種々の祝詞に「宮柱太知り立て」などとあるように、「太い柱でしっかりと立派な神殿を作り」の意だが、十返舎一九はその太い宮柱を宮重大根の太さに例えて、宮重大根の立派さが示されている。明治十三年（一八八〇）刊の『尾張名所図会』後編巻三「名産宮重大根」には、

落合の支邑宮重村に産す。當國の蘿蔔は、尾張大根とて、他邦に類なき名物なり。其うち當所の産を第一として、國君より京都又關東へも御進獻あらせられ、其外諸侯方へも贈り給へり……美味なる事言語に絶えたり……

とある。また『本朝世紀』（平安後期）に、「尾張國中島郡牛部首國就桓武天皇に蘿蔔を奉ると

云々（うんぬん）」と見え、『和漢三才図会』（正徳五年〈一七一五〉跋（ばつ））に、「大抵八月種を下し、彼岸苗を生じ霜後肥大す。味亦（また）甘し……」。『大和本草』に、「蘿蔔尾州に種（う）うる尤（もっと）もよし」とある。宝暦四年（一七五四）刊の『日本山海名物図会』には、

尾張大根、大根甚だ大きにして風味かろく大上品なり、日本にて大根の第一なるべし、江戸ねりま大根、大きさ尾張大根におとらず、然（しか）れ共（ども）風味は尾張よりもはるかにおとれり…

とある。これらの諸本には宮重大根の特色が色々記されている。春日井郡宮重村で産する大根は、類（たぐい）無き名物として尾張から朝廷や将軍家、さらに諸侯に、尾張藩献上品として贈られていた、尾張自慢の逸品。桓武天皇にまで贈られていたのは驚きだ。宮重大根、恐るべし。また、『尾張徇行記』に、「一宮重大根ノ由来古義抜萃如左」として、

……源敬様（藩祖義直）御入国遊ばされ、一両年程大根御上げなさらず候へば権現様より大根の儀御尋ねになり候へ共、源敬様仰せられ候は、大根の儀何者の支配にて指し上げ候哉と御意御座候節……

とある。これによれば、家康から九男の尾張藩祖義直に宛てて「あの美味い大根はどうなったか」との問合せがあったので、義直は慌てて作り手や献上者を調べ、急ぎ献上したという。家康が態々食べたいと言ってきたほどの美味さ。諸本いずれも「美味なる事言語に絶えたり」「味亦甘し」「風味かろく大上品なり」などと述べている。僕も食べたが、細胞が密というか、実に歯ごたえがあって美味い。

この宮重大根のＤＮＡを持つ大根は、聖護院大根・練馬大根など全国に広がっている。天皇も将軍も食した宮重大根。実にめでたい、大事にしたい、自慢したい。（２０１５年1月）

冬はめでたい宮重大根　続

〜……名古屋むすめは　花むすめ

現在、御園座の改築というか、御園座を収めるマンションの建設が行われているが、この建て替えを前に、僕と家内は御園座の演劇図書館所蔵の各種資料の調査・整理を実施した。その結果、様々な発見があった。これについては、稿を改めて話す機会もあると思うが、音源資料であるSPレコードの中に、名古屋物がいくつかあった。中でも、冒頭に挙げた豆千代の歌う「名古屋娘」と、徳太郎の歌う「名古屋むすめ」が出色。この曲、明るく華やかで元気な名古屋を歌っている。名古屋娘が花娘ならば、宮重大根は花大根的存在。まさに「美しく華やかなで、輝くような個性」だ。

たかが大根、されど大根。大根といえども侮ってはいけない。「だいこん」は古くは「おおね（おほね）」と言い、これに宛てた漢字「大根」を音読みしたもの。『古事記』下巻仁徳（にんとく）天皇の条に、仁徳天皇が皇后石之日売（いわのひめ）に贈った歌に、

つぎねふ　山代女の　木鍬持ち
打ちし淤富泥　根白の　白腕
枕かずけばこそ　知らずとも言はめ
（山代の女が木の鍬を持って耕した大根。その根の白さのような、あなたの白い腕を枕に寝なかったなら、あなたは私を知らないとも言うだろう。しかし、一緒に枕を交わした仲だから、そうは言わせない。）
とある。「淤富泥」すなわち「おおね＝大根」だ。『古事記』にあるくらいだから、大根はかなり古くから身近なものだった。現在は「大根足」とは言っても「大根腕」とは聞いたことが無い。しかも艶めかしい女の腕の喩えとは。
身近と言えば『徒然草』第六十八段に、
筑紫に、なにがしの押領使などいふやうなる者のありけるが、土大根をよろずにいみじき薬（何にでも効く素晴らしい薬）とて、朝ごとに二つづつ焼きて食ひける事、年久しくなりぬ。ある時、館の内に人もなかりける隙を測りて、敵襲ひ来て囲み攻めけるに、館の内に兵二人出で来て、命惜しまず戦ひて、皆追ひ返してけり。いと不思議に覚えて「日ごろここに物し給ふとも見ぬ人々（普段ここで見かけない人々）の、かく戦ひし給ふは、いかなる人ぞ」と問ひければ、「年ごろたのみて、朝な朝な召しつる（召し上がられた）土大根らに候」といひて失せにけり。深く信をいたしぬれば（信仰していたので）、かかる徳もありけるにこそ。

とある。大根の精霊の活躍。敵は病魔か。大根が薬として用いられていたのを擬人化しての話であろう。今も大根は消化によい食べ物として知られる。大根は、「蘿蔔」「清白」と書いて「すずしろ」と読み、春の七草の一菜だが、これも薬草的効用の故であろう。

このように古典の文献に屢々登場する大根だが、その大本の宮重大根については、弘化三年（一八四六）成立の『尾張志』巻六に、

落合村の枝郷、宮重にてつくるを名産とし、年々将軍家に献ぜらる、總て當國の大根は他国に勝れるうちにも宮重の産を第一とす……尾張蘿蔔は天下に冠たり、その大なるは数斤（一斤＝600グラム）、色は珂雪（瑪瑙のように白い）にして味甘く飴の如し。四方の人争いてこれを買う……蘿蔔云々、尾州に種うる尤もよし、他邦にも種子を伝えて種うれども、尾州の産に及ばず…是れを東都（江戸）にうゝるに、初年はやゝ異なる事なし、年を経れば形色ともに変ずと云々……他国にて甚だ賞美す

とある。色、味ともに天下一品の大根だった。これを他国に植えると、初めは変わらないが、年々その土地の気候風土によって変わっていったという。『都道府県別　地方野菜』(農文協刊)などによると、青首(全国)・聖護院(京都)・練馬(東京)・源助(金沢)・下津・五日市場・赤池大根等ほぼ全国展開をしている。皆、宮重大根の子孫たち、まさに宮重大根恐るべきである。

この宮重大根の料理のことは前回に書いたが、味付けの味噌・溜まりもご当地物で楽しむ。大事にしたいふるさとの味だ。(2015年3月)

春の匂い　土の匂い　新芽の匂い

いよっ！待ってました！
○○ちゃん　大出来
出来ましたあ

様々な大向こうの声が飛ぶ。春は地芝居真っ盛り。寒く厳しい冬が明けて自然の活動が始まる春。人々も活動を本格化する。とくに北国の人々にとっては一段と待ち遠しい春だ。これからの活動の始まりとして、また、豊作を祈願して、行われる地芝居。四月五月は地芝居が各地で賑々(にぎにぎ)しく踊られる（地芝居は「演じる」ではなく「踊る」という）。ちょっと挙げただけでも、近江長浜の曳(ひ)き山歌舞伎（四月十三～十五日）、長野県東御市祢津東町歌舞伎（四月二十九日）、垂井の曳き山歌舞伎（五月二日～四日）、揖斐祭り子供歌舞伎（五月三日～五日）、小豆島(しょうどしま)の肥土山歌舞伎（五月三日）、長野県の大鹿(おおしか)歌舞伎（五月三日）、下呂の鳳凰(ほうおう)座歌舞伎（五月三・四日）、鶴岡の山五十川(やまいらかわ)歌舞伎（五月三日）、小松曳山子供歌舞伎（五月初旬）などなど。

春は一雨毎にやってくる。それを如実に感じるのは春の匂い。コンクリートやアスファルトの地面では感じられないが、土のある庭園・小公園（ポケットパーク）や雑木林、樹木の茂った社寺の境内、郊外の畑に立つと、そこはかとなく春の匂いがする。この匂いが好きだ。この匂いが立ちはじめてしばらくすると梅が、続いて桜が咲き始める。名古屋で桜が満開の頃、岐阜の山岳地域は桜がチラホラ。僕は五月の四日には毎年必ず下呂の鳳凰座歌舞伎に行くことにしているが、中央道を走る車から見える景色は、様々な新緑に藤の花や山桜の花が混じって、実に綺麗だ。勿論春の匂いも充満していて、伝統的な春の到来を感じることが出来る。心配なのは藤の花が妙に増えてきていることだ。山が荒れ始めているのではないか。

下呂行きの楽しみは地芝居の他にもう一つある。それは、鳳凰座歌舞伎の済んだ翌日、加子母の産直市場で買う、根も葉も花も付いた自生の山葵。山葵畑で作られたものではない、自生の山葵は香しい。その上花が付いているとなれば、これはもうお宝だ。

正保二年（一六四五）刊、松江重頼の『毛吹草』巻第二「誹諧四季之詞」には、

二月

二月堂の行（修二会）……山葵……

とある。『山葵』は春の季語だが、「山葵の花」は夏の季語とされる。『日本国語大辞典』には、「山間の渓流付近に自生するものを沢山葵、水山葵と呼び、畑に栽培されるものを畑山葵、陸山葵という。漢名として山葵、山葥菜をあてる」とある。霊亀元年（七一五）以前撰進の『播磨國風土記』の「宍禾の郡」に、「波加の村……其の山に柂、杉、檀、黒葛、山薑等生ふ。狼、熊住めり」とある。一般に宛てられている漢字は「山葵」で、これは山葵の葉が葵に似ているからか、この「山薑」は山の生薑の意でピリッとした味が共通するからか。いずれにしても定説は無い。建長六年（一二五四）成立の『古今著聞集』第二十巻七〇七話に、

後堀河院御位（一二二一〜三四）の時、所の下人末重、丹波の国桑原の御厨へ、供御（天皇のお召し上がりもの）備進のためにくだりけるとき、件のみくりやに山あり、その山にわさびおほくおひたるよしをききて、ともにまかりけり……

とある。供御に山葵を用いたとは記されていないが、『風土記』といい『著聞集』といい、古代から山葵が注目され、好まれていたことがわかる。しかし古代において、どのように食用に用いられていたかはわからない。山葵を摺りおろすようになったのは江戸時代から。文化元年（一八〇四）刊山東京伝の『近世奇跡考』巻三第六話に、

……武州（武蔵）葛飾郡青戸村は青砥左衛門藤綱の第宅ありし所といふ……此の村の農人茂右衛門といふものの家に、藤綱がもちひしといひ伝ふる山葵おろしといふ……古器を蔵せり……

とあって、この山葵おろしの図まで描かれているが、同書によれば、山葵おろしとしてはとても使えないともいっている。鎌倉時代はともかく、江戸時代には山葵をおろして調味料として使っていたことはわかる。しかし山葵は冒頭にも記したように、葉も茎も花もすべて美味く食べられる。古代の人も珍重していたのは間違いない。（２０１５年５月）

魚は皮が一番

芸といふものは実と虚との皮膜の間にあるもの也。……真の家老は顔をかざらぬとて、立役がむしゃむしゃと髭は生えなり、あたまは剥げなりに舞台へ出て芸をせば、慰みになるべきや。皮膜の間といふがここ也。虚にして虚にあらず、実にして実にあらず、この間に慰みが有たもの也。

今回はちょっと難しい文章から始まってしまったが、これは、三木平右衛門貞成著、元文三年（一七三八）正月刊『難波土産』冒頭にある所謂「虚実皮膜論」。近松門左衛門の言説を、穂積以貫が筆録したものとされる。かつては「虚実皮膜論」は「きょじつひまく」と読まれていたが、実は「きょじつひにく」だ。「膜」は音で訓は無い。博友社刊の『新修漢和大辞典』の当該項には「マク　うすかは、体内にあつて肉または諸器管を被ふうす皮」とある。「にく」の読みは無い。つまりはじめから「まく」の読みしかなかったのだ。したがって、普通に読むのなら「まく」。原本の振り仮名に気がつかなければ、素直に「まく」と読んでしまう。しかし敢えて「にく」と読ませたところに近松の並々ならぬ創作意欲が見て取れる。すなわち皮と肉（身）の間に慰み＝芸（食べ物なら「うま味」）があった。虚（皮）でもなく、実（膜）でもなくその間とは、実に限りなく近い虚（逆もまた真）、実に限りなく近いが実ではないところに、より真実の芸があるのだ。

　食べ物なら皮と身との間（皮の裏側、身の表側）が一番美味いということである。果物でも、野菜でも、魚でも、鳥でも。林檎や柿、根菜など、身近な物を皮ごと食べて見れば、容易に確かめられる。また、かしわ（黄鶏＝一般には鶏肉、名古屋はかしわ）の皮もこんがり焼くと美味い。焼けた皮を丁寧に剥くと身が現れる、その身の表面と皮が実に美味い。

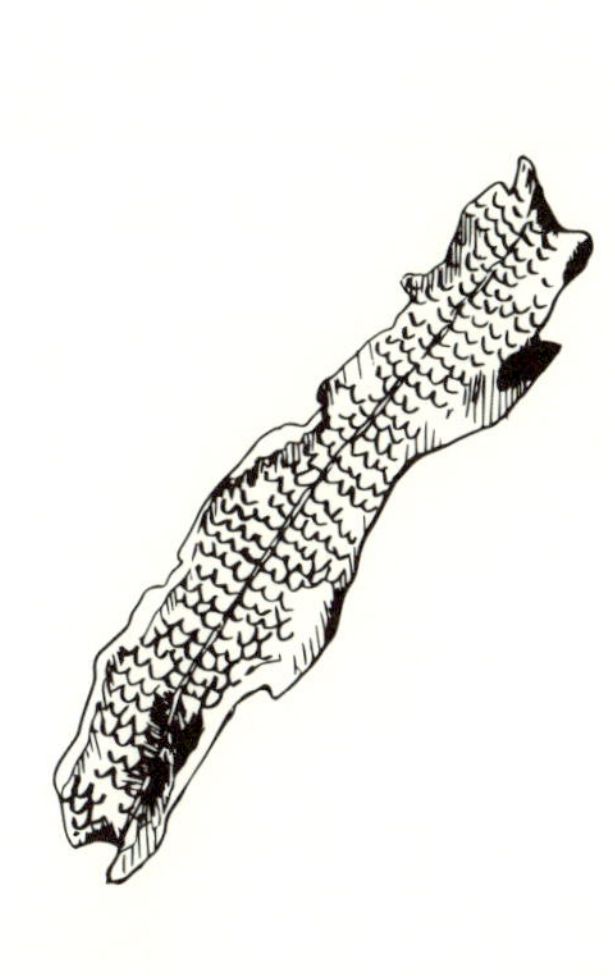

　魚はというと、塩焼きは、鯛でも鮭でも皮付きが美味い。皮なしの焼き物は味ない（まずい）。一味が欲しい。ところで、僕が通う住吉町の鮨屋の板さんが、最近、「さより」の皮の塩焼きを始めた。「さより」の皮のみの塩焼きとは驚いた。聞いたことも見たこともなかった。

「さより」は漢字を当てると「細魚」「針魚」「水針魚」「鱵」。例えてみれば、秋刀魚をスリム化して細い鋭い嘴を付けたというか、梶木（旗魚）を超スリム化したというか、そんな姿だ。

元禄十年（一六九七）刊、人見必大の『本朝食鑑』巻八に、

……肉潔白にして氷の如し、味甘淡にして愛すべし、膾を作るに尤も佳し、或いは炙食（炙って食べる）を作す、蒲鉾亦倶に好し

とある。また、正徳二年（一七一二）自序の寺島良安の『和漢三才図会』にも、

……上喙（上唇）一寸許り、尖こと劔の如し、身は圓形にして梭子魚に似たり

とある。針魚は、刺身はともかく、膾（＝酢ぶて…酢で締めること）しか知らなかった。皮を炙って食べるまでは思い至らなかった。この鮨屋は、開いた針魚を、包丁を使わず、身の方から皮を外すので、しっかり形を残した皮が俎の上に残る。その皮に軽く塩をして、こんがりと炙って出してくれる。皮にほんのり身が残っていて、まさに皮と身の間の美味さを味わうことが出来る。その微妙な美味さは何物にも代えがたい気がする。この炙り焼きを食べると、妙

に酒が進む。塩味が皮膜の旨味に鋭さを加えるからか。しかし、この針魚の皮の炙り焼き、残念ながら一回に一度（一枚）しか食べられない。針魚ばっかり食べるわけにはいかないから、しかたがない。いや、一枚だからいいのだ。

『御湯殿上日記』延徳四年（一四九二）四月十日の条に、「…あつたの御代くわんさより一をりまいる」とある。文字通り読めば「熱田の御代官より針魚を一折り献上された」の意。江戸時代熱田の浜では毎夕方、魚市が立ち、新鮮な多くの魚が取引された。この記述は、東海道が整備され、熱田が宿場となる以前のもの。熱田は遙か昔から好漁場で、針魚も多く獲れたようだ。針魚は熱田前（熱田の前の海＝伊勢湾）の名物魚だった。今は知るよしもない。針魚の皮の塩焼き、温故知新の尾張名物ではないか。（２０１５年６月）

清滝に躍れや躍れ笠の中

季節は初夏。川面を吹き渡る風が心地よい頃になった、と言うのが昔の初夏のイメージ。しかし、昨今はだいぶ様子が違ってきた。やっと春になったかと思ったら、忽ち夏になってしまい、五月には早、夏日の連続。近年、春秋が短くなったと感じるのは僕だけではあるまい。日本は神代の昔から、春夏秋冬四季折々の風情がある国であったが、それはどこへ行ってしまったか。

それでも新城辺りは七月の声を聞くと、「そぞろ神の物につきて心を狂わせ」(奥の細道)られるわけではないが、新城市出沢の「鮎滝」が妙に気になって仕方がなくなる。山里に夏が訪れると、若鮎が清流の滝を元気良く飛び上る光景は見事なのだ。

新城は地芝居が盛ん。現在、新城歌舞伎に属する地芝居団体は八つあるが、鮎滝のある出沢もその一つ。僕は毎年十一月の新城歌舞伎公演では上演演目の解説も務めているので、鮎滝の時期になると、新城歌舞伎の代表から鮎滝で遊ばないかとお誘いを受ける。

鮎をアユと読むのは日本だけで、漢字本来の読みはナマズ。鯰は国字(日本製漢字)(14ページ「両手を冷やして鮎つかみ」参照)。珍しい話なので再録する。『日本書紀巻第九』「神功皇后紀」に、夫の仲哀天皇が新羅国を攻めようと肥前(佐賀県)の松浦県玉嶋里(現佐賀県唐津市)に来て戦の勝敗を占い、ここ玉嶋川で魚が釣れれば勝として釣をしたところ、見事魚が

釣れた。これが細鱗魚。そこでこれを、占う魚すなわち「鮎」と表記した。細鱗魚は『古事記』「仲哀天皇」では「年魚」。一年で一生を終えるところから。中国にはいない魚。

閑話休題。いよいよ鮎滝。ここの漁法は網漁法で、「笠網漁」。直径二尺(約六〇糎)の平べったい菅笠を逆さにしたような網の一端に長さ二間(約四米)の竹竿を付け、幅約二米、落差約五米の滝の流れに逆らって、ピョンピョンと躍り上がって上へ行こうとする鮎を、滝の流れすれすれに笠網を差し出して、鮎が網に飛び込んでくるのを待つ、という何とものんびりとした漁法。唱歌「待ちぼうけ」が脳裏をかすめた。飛んだ鮎を掬い取るのだが、網が

重くて思う方向にサッと持って行けないのが実情。鮎が滝壺(つぼ)の辺りにウジャウジャいるのが見えるが、これを掬うのは御法度。網に鮎の方から飛び込んできたのを獲(と)るのがきまり。ただ元気の良いピチピチの若鮎なので、網の中で躍り回り、網の外へピョーンと飛び出てしまう鮎もいる。

ことの起こりは、「三十四代滝川一興誌之／出沢鮎滝保存会／新城市」とある立て看板に拠(よ)れば、寛永二十年（一六四三）に出沢村の滝川宗右衛門一貞が、丸太を流すのに障害となっていた滝川（寒狭川・豊川）の大岩盤を、播州（兵庫県）高砂の石工を使って、約半年かかって切り開いた結果、丸太流しがとても容易になり、若鮎の遡上(そじょう)も増えたので、領主設楽(したら)市左衛門貞信は滝川家に「永代滝本支配」のお墨付きを与え、一貞は出沢村民に鮎の漁獲を許可し、生計の助けとしたとある。出沢の古老の話では、笠網漁の起源は、岩盤を切開する以前から、旅人が飛び跳ねる鮎をみて、自身の笠でその鮎を獲っていたことに始まるらしい。鮎の漁獲は出沢地区の人の権利とされている。

実際にやってみるとわかるが、笠網は軽いが竹竿がことの外(ほか)重い。滝の流れすれすれにこれを持って長時間じっと同じ姿勢で持ちこたえるのは至難の業だ。寒狭川の鮎は、この清流の石に生える珪藻(けいそう)を食べて育つので、西瓜(すいか)のような香りがする。加えて、滝水に逆らって飛び跳ね、キリッと身がしまっている。鮎の生育には清流は必要不可欠。鮎滝の名物料理は若鮎の炊き込みご飯。鮎滝で今獲れたばかりの鮎を背開きにして背骨を取り、その骨を出しにしてご飯を炊き、骨を取った鮎は焼いてご飯に加えるというもの。「絶品」。

滝壺に鮎が沢山見えても掬い取らないのは、自然を大切にする出沢の人の思い。滝を飛び跳ねて遡上する鮎は清流の証。川が濁れば鮎もダメになる。川の流れを堰き止めて、自分たち人間の暮らしに利するというのは、エゴイズム以外の何物でもない。そのツケはまた自分たちに跳ね返ってくる。先人の自然と共に生きる「共生き」思想を大事にしたい。(2015年7月)

自然・天然そして養殖

〽空にさえずる鳥の声　峰より落つる滝の音
大波小波鞺鞳（とうとう）と　響き絶えせぬ海の音
聞けや人々面白き　この天然の音楽を……

言うまでもなく「美しき天然」の一節。子どもの頃から歌っていたが、最近はとんと聞いたことがない。題は「天然」だが、歌詞の趣は日本の美しい「自然」を詠み込んでいる。これは一番の歌詞の一部だが、この他に「春は桜のあや衣」とか、「青松白砂の美しさ」とか、そして一番は冒頭のように「天然の音楽」、二番は四季折々の眺めを「天然の織物」、三番は四方の景色を「天然のうつしえ」、四番は空の景色を「天然の建築」と喩（たと）えている。ここでは、自然は天然、天然は自然とほぼ同意だ。

ところで、辞書的意味になると、「自然」は、山、川、海、草、木、動物、雨、風など人の作為によらずに存在するものや現象。また、すこしも人為の加わらないこと。……天からうけた性。物の本来の性。天性。本性……

（日本国語大辞典）

漢語。中世以前は、おのずからそうある意の場合は「じねん」を用いた……人為によらずに存在する物や現象。人為の加わらないこと……天から授かった性。天性。本性……

（角川古語大辞典）

同様に「天然」は、

人の作為が加わっていないこと。自然のままであること。また、そのさま。また、人の力ではおよばないことやそのさま。自然……生まれつきであること。それ本来の姿であること。また、そのさま。天性……

（日本国語大辞典）

漢語。天の意思、道理のままであること。自然に生成した状態、あるいは生まれつきの状態であること。人為・人知に対立する価値を見出して用いることがよくある。「天然の」の形で修飾語として用いることが多い。自然。天生……自然のままに。自然の成り行きで。わざと

でないさま……生まれつき。生来……　（角川古語大辞典）

「自然」「天然」の意味はほぼ相通じるものであるが、我々はこれらをうまく使い分ける能力？を備えているようだ。「天然物の鮎」とはいうが、「自然物の鮎」とはいわない。「天然色映画」はあっても「自然色映画」はない。逆に「自然の眺め」はあるが、「天然の眺め」はない。「自然死」はあっても「天然死」はない。つまり無意識のうちにちゃんと区別しているのだ。その区別の判断基準を明確にするとなると、むつかしいが、自然の色を出すために人が手を加えたのが、天然色。自然界の川に棲息する鮎を人が獲得すると天然鮎。死についても人の手が加わっていないから自然死であって天然死にはならない。

閑話休題。最近「天然物」「養殖物」が話題になっているが、中でも養殖の「鮪」「鯰」の記事がよく新聞紙上を賑わしている。養殖の先輩は「ハマチ」「牡蠣」「ホタテ」「鰻」などだが、その他「車海老」「鯛」「鮃」「トラフグ」「鮎」などもある。珍しいのは「クエ」。微妙なのは「蛤」、稚貝を輸入して日本の川に放して親貝とする。

名古屋は伊勢湾（江戸時代は熱田前と称する）があるので、鮮度のいい魚介類には事欠かない。「牡蠣」「ホタテ」「車海老」など動きの少ないもの、脂質分の少ない或いは無いものは脂が巻かなくて天然に近いものが得られる。川も海も早い水の流れがあり、その流れに揉まれて育つのが天然物なので、かなり鍛えられた体をしている。

しかし、天然物が希少種であったり、絶滅危惧種であったりすると、大量の水揚げは望めない。となると、多くの消費に間に合わせるためには養殖しか方法がない。鰻に至っては稚魚不足からくる高値を抑えるためにも、養殖鰻に代わるものとして、養殖鯰まで作り出された。天然物が少ないといって、養殖物をそんなに無理して作る必要があるだろうか。この地球の自然の姿を守るためにも、絶滅危惧種を残す努力は必要だろうが、養殖はそれとは意味が違うだろう。もし種が消滅してしまっても、それはそれでいいのではなかろうか。自然に生まれたものなら、自然に消滅していくのも自然の摂理というものだ。（２０１5年9月）

おでん　清富　菊五郎格子

御園座再建道半ば、御園座が入る予定のマンションも販売用のカタログが出されて、二年後の完成が待たれる。御園座は大歌舞伎がキチンと上演できる、当地に於ける唯一無二の芝居小屋だけにその果たす役割も重要だ。

ところで、歌舞伎に付きものは「カ・ベ・ス」すなわち菓子・弁当・寿司だ。ただちょっと疑問なのは「弁当」も「寿司」もご飯ものなので、同種のものが何故二つも入ったかということ。やはり寿司の人気が高かったからかまたは、珍しかったからか。文政十二年（一八二九）編の『誹風柳多留』第百八編に、

妖術と　いふ身で握る　鮓の飯

なる句がある。鮓を握った時、最後に指二本（或いは一本）でご飯の下の方を軽くギュッと押さえて形を整えるが、その指二（一）本を右手でギュッと握るように見える指の形が、忍術（妖

術）を使う指の形（印を結ぶ形）に似ているからであろう（平凡社『大百科事典』吉野曻雄氏説＝参照）というが、ご飯とネタがあっという間にあの形、というのも妖術とも言っているのではないか。とにかく握り寿司はまだ珍しかった。酢飯がさっぱりとして江戸っ子には心地よかったのだろう。

　今回の話題は、カベスならぬ、御園座名物だった芝居おでん。温かいおでんは冬が似合うと間々いわれるが、決してそうではない。暑い夏に熱いおでんもおでん好みの真骨頂だ。味噌煮込みなども然り。

　名古屋にもおでん屋は多々あるが、僕の一番のお好みは現在無くなってしまった御園座地下一階のおでん屋「清富」。十月は御園座の吉例顔見世の季節。十月には毎日のように、いったい何年「清富」へ通ったやら。御園座の地下一階への階段は北側の楽屋入り口左側、東側玄関のエレベーターの手前、中に入ると、正面玄関の上手下手両方の袖、それと東玄関のエレベーターと結構多い。幕間になると、観客が一斉に地下食堂に来るので、食堂はどこもいっぱい。幕間の時間は三十分が通常。普通は前もって各お店に予約しておく。

　名古屋の「おでん」は味噌おでんのことで、他はかつて「関東煮」と呼んでいた。関西では関東煮（『なごや飲食夜話』「おでんには味噌をつけて」参照）。清富のおでんはこの関東煮。清富に通い続けた約三十年間（御園座に初めて行ったのは昭和二十五年だが、そのころは子どもなのでおでんには殆ど関心が無かった）、おでんの内容は、僕が知っている限りほとんど変化は無い。この間で一番ビックリしたのはトマトのおでんだった。トマトはゆっくり、芯まで火が通るとまことに美味い。今では我が家でも必ずトマトをおでん種にしている。その他のおでん種は、糝薯のキャベツ巻、蒟蒻、茹で玉子、大根、牛蒡半平、飛竜頭、焼き豆腐、蒲鉾、銀杏、八頭芋、清富オリジナル海老糝薯（親爺さんの瀧夫さんの手作り。親爺さんの後はご子息の奥さんが後を継いで作っておられた。聞けば是を作るのは至難の業だったそうだ）。

おでん定食はおでん五品と茶飯・木瓜の漬物。普通はこれでお仕舞いなのだが、僕の場合はちょっと違う。席は五席あるカウンター席の一番奥が僕の定席。ここから出入り口を見ていると外の通路を誰が通るかすぐわかる。人呼んで「関所清富」。文化財にでもなろうかという「菊五郎格子」が染められた暖簾を潜って定席へ。まずはビール（大瓶）とおでん。蒟蒻、茹で玉子、大根は定番で、芋とか飛竜頭とかを選んで食べる。空腹の時は一皿では間に合わない。二皿三皿は常のこと。

だいたい御園座に来ると、舞台へも事務室へも行かず、まずは清富へ直行。僕に指名手配が掛かると、御園座の社員はまず清富へ、いなければ監事室へ。僕の記憶に残る清富は、焼けた後の昭和三十九年の再建された御園座で、おはなさんの時から。息子の瀧夫さんの代に、もう僕の清富通いは始まっていた。

團十郎、宗十郎、菊五郎、三津五郎、勘三郎ら歌舞伎役者や御園座の歌舞伎ファンにこよなく愛されて、惜しまれながら幕を引いた。菊五郎格子の暖簾は、六代菊五郎が、亡くなる年の前年昭和二十四年の暮れに、態々（わざわざ）清富のために持ってきてくれたという。みんなに愛されたおでん屋だった。歌舞伎小屋には清富のような店がよく似合う。懐かしい。（２０１５年10月）

朝ご飯は　おつけに豆茶

この連載、最近名古屋以外の食文化が増えてきたように思う。そこでもう一度「飲食夜話」の原点に立ち返ってみたいと思う。

僕が朝ご飯を食べないようになってからもう四十年になる。朝はご飯の代わりに抹茶で一服。お昼（中食）と晩ご飯（晩餉）は頂く。かつて朝ご飯の定番は、当たり前に頻繁に使われていたのに、今や殆ど言われなくなってしまった「おつけ」であった。

昭和四十年代頃までは東京でも使われていたと言うが、今や細々と名古屋に生きている。寿司屋や割烹、果ては日本料理屋でも「おつけ」は殆ど聞かれなくなってしまった。僕は今でも「おつけ」といって、「味噌汁」とか「赤だし」とか言っては注文しない。必ず「おつけ」だ。しかし「おつけ」と言って注文が通るのはごく僅かの店。

喜田川守貞の『守貞謾稿』（その巻頭の「概略」には、天保八年〈一八三七〉から嘉永六年〈一八五三〉までに記述した原稿とあるが、慶応三年〈一八六七〉に加筆した原稿もある）第二十八編によれば、

汁　昔は汁の物と云ふ。けだし今製、汁に二品あり。味噌汁とすまし汁なり。味噌汁は味噌製勿論なり。味噌に数品あり。別に云ふ。すましは醤油製を云ふなり。
また今俗、京坂はすましおよびみそ汁、ともに露と云ふなり。女詞なるべし。今、江戸にて露と云ふはすましなり。味噌汁をおみおつけと云ふなり。また京坂にては、「おつけ」とのみは云ふことあり。

とある。「おみおつけ」に漢字を当てると「御味御付け」で、意は味噌仕立ての付け汁。室町時代の女房詞。江戸時代になると、「御御御付け」となり、「御」が三つも付く超丁寧詞となり、そのうちの「御」を二つ去り、今の「御付け」になった。それが今や名古屋弁にしか残っていない。

近世初期成立の『仁勢物語』(『伊勢物語』を逐語的にもじったもの)「下の巻」第七十六話に、

大原や　おつけの椀に　今日こそは
奈良諸白を　思ふまま飲む

とあり、「大原」は「大原椀」。味噌汁用の椀(盃よりは大きな椀)で、奈良の銘酒を大盃で思うままに飲む喜びを詠んでいる。

また、文政六年（一八〇二）三月市村座初演の四代鶴屋南北作『浮世柄比翼稲妻』三幕目「名古屋（山三）浪宅の場」での家主杢郎兵衛が、山三の相手葛城花魁にご飯の炊き方とお付けの作り方を教える場面で、

…お汁するなら味噌をよい程擂り置きて、沸え立つ程にこっちでは、若芽大根干葉豆腐、汁の実刻みは干大根…


とある。また、ここでは「汁の実（身）」といって「具」と言ってないのも名古屋弁に共通する言い方だ。

我が家の朝ご飯はこのおつけと豆茶が定番だった。「豆茶」は、我が家での製法は、大豆を、七輪にかけて熱したフライパンで真っ黒けになるまで煎った物を使う。お茶の葉同様この焦げた豆を薬缶に入れ、水を入れて煮立てれば豆茶の出来上がり。豆の香ばしい香りがたまらない。

おつけの味噌は、前記の台詞にもあったように、擂り鉢で擂って味噌の中の大豆を潰し、そこに徐々に出しを加えて味噌に馴染ませながら溶いていき、鍋に移して煮きあげる。身は、菜っ葉か厚さ一ミリくらいに輪切りにした切り干し大根が常で、偶には南瓜、里芋、茄子、豆腐、

アサリなどなど。但し、出しは鰹節で煮干しは絶対使わなかった。僕が嫌いのせいで。味噌は溜まり屋で量り売りで買ってきたし、溜まりも一升瓶を持って行って量り売りしてもらった。我が家では母は常磐津の師匠だったので家事は余りやらず、料理は母の姉が殆どやっていた。叔母は昔の人なので味噌や出しの量などは常に目分量。なので、辛過ぎる時や薄過ぎる時が間々あったが、そんな時辛いなどと言った途端、横から豆茶の薬缶がサッと出た。豆茶で薄めれば良いと言う事だ。

「汁」と言うより「おつけ」の方がよっぽど上品。先祖が残してくれたこういった品のいい言葉、名称を残しておきたいものだ。「めし」等という品の無い言葉よりも「ご飯」。（２０１５年11月）

このしろ、こはだも出世魚

出世魚と言えば鰤（関東ではワカシ↓イナダ↓ワラサ↓ブリ、関西ではツバス↓ハマチ↓メジロ↓ブリ）、鯔（オボコまたはスバシリ↓イナ↓ボラ↓トド）、鱸（セイゴ↓フッコ↓スズキ）などがあるが鰶もその類。体長5糎くらいの幼魚をジャンコ、シンコ（新子）、成長して10糎くらいになるとコハダ（小鰭）、ツナシ、20糎くらいになるとコノシロ（鰶）。

江戸時代、安永四年（一七七五）刊の『物類称呼』には、

鯆魚　このしろ○この魚の小なる物を京都にて○まふかりと云　中国及び九州共に○つなしと云　薩摩にては○ながさきと云　この魚長崎に多し　故になづく　筑前にて○はだらごと云……今按ずるに　鯯童と云う魚は　江戸芝浦　品川沖　上総下総の浦々より是を出す　西海にはこれなし　鰶の子にあらず　別種なり　駿河にてつなしと呼ぶは　小鰭也　この国にて　こはだと云物は江戸にて○さつぱと云魚なり　このしろ　こはだ　さつぱはこれ皆種類也　ある人の云　世間に子生まれて死し　又生まれては死す事有り　その家にては子生ま

る丶時胞衣と鰶とを一所に地中に蔵ればその子成長す　尤その子一生このしろを食せざらしむ　このしろは子の代なりといひつたへり

この鰶、古来から注目されていたとみえて、『日本書紀』孝徳天皇の大化二年（六四六）三月十九日の条に、

別に塩屋の鰶魚　鰶魚、これをば挙能之慮といふ

とある。又天平五年（七三三）成立の『出雲国風土記』「嶋根郡」の条に、

凡て南の入り海に在る所の雑の物は入鹿・和爾・鯔・須受枳・近志呂・鎮仁・白魚・海鼠……

とある。入鹿は海獸、和爾は鮫または鱶、鯔はボラ（前出）、須受枳は鱸（同）、近志呂は鰶、鎮仁は黒鯛（チヌ、名古屋ではチンタ）、海鼠はナマコ（生のコの意）。

また、鰶に関わる伝承も珍しい。延文三年（一三五八）頃成立の『神道集』や、永正七年（一

五一〇）成立の『慈元抄』、同十一年成立の『雲玉和歌集』などに見られる説話がそれ。『慈元抄』巻上を例に取って簡述すれば、

　昔有間の王子が落ちぶれて流浪し、下野国に下り、五万の長者の所に立ち寄り奉公人となる。酒宴の折、王子の、和歌を詠み、美しく舞う姿を見た長者は只人ではないと察知し上座に置いた。長者には美しい娘がおり、すでに常陸の国司との縁談が決まっていたが、王子は娘に忍んで逢い、娘は懐妊する。国司から婚儀の催促が来るので、長者は娘は早死にしたとして、葬送の儀を行い野辺に送った。棺の中には「つなし」という魚を入れて火葬にした。なぜならば、「つなし」を焼く匂いが人を焼く匂いに似ていたから。

　東路の室のやしまに立つ煙り
　　　誰が子の代につなし焼くらむ

と歌われた古歌にしたがって、長者は娘と王子を幸せにする事が出来たという。
また、文化十一年（一八一四）成立の『塵塚談』には、

河豚鰶魚我等若年の頃は武家は決して食せざりしもの也。鰶魚はこの城を食といふ響きを忌

みてなり

とある。まだまだ他の伝承もある。これだけ多彩な伝承のある魚も珍しい。

我が家では、大きめの鰶を骨切りしたものを焼いて、生薑溜まりを付けて食べていた。生薑溜まりのせいか、ご飯がどんどん進んだものだ。もう一つの料理方法は、「すぶて（酢打て）」。鮨屋などでは、三枚におろして、そのまま酢につけて締めているが、我が家では、幅3ミリほどに切ったものを酢に漬けている。この方が身に酢がよく浸みて僕の好みに合う。また、「しんこ」も好きだ。これは小さいのでおろすのに手間がかかるが、そのあっさりとした味わいは、他に比べようも無く美味い。

焼く匂いが人を焼く匂いに似ているとは、ちょっとおぞましいが、このことは、子どもの頃はまったく知らなかった。むしろいい焼き魚の匂い、そんな風に感じていた。日本の食文化は実に奥が深い。もっともっと掘り下げていく必要があると観じた次第。（2015年12月）

三が日はお雑煮に善哉

最近あらゆる分野で季節感が無くなってきている。例えばイチゴ。僕の子どもの頃は初夏、五月〜六月が旬だったが、今はのべつ幕無しにイチゴが出てくる。餅もそうだ。スーパーや百貨店で年中売られている。これは大問題だ。餅には特別な意味があって、非常に神聖な存在だからだ。

子どもの頃、餅はお正月にだけ食べられるものだった。「お年玉」は、お餅を歳徳神(としとくじん)にお供えしてお下がりを頂くことで、その歳を司る神の霊力を分けて頂くというもの。「お年玉」ではなくて「お歳霊」。お供えする餅を搗(つ)くとき、最初の一搗きは、翌年の歳徳神のおられる方角に向かって杵(きね)を下ろすのだ。お鏡様も餅。神社などで行われるのが餅撒(ま)き。田植え前に食べる苗代餅(『なごや飲食夜話　二幕目』「草もち　ぼたもち　苗代もち」参照)、お彼岸やお会式のぼた餅、子どもの誕生を祝う誕生餅などなど、農耕儀礼や人生の節目に登場する特別な存在。日常に餅があるのは、餅好きな僕にとってはありがたいが、単なる食べ物となってしまっている現状は、日本の餅文化の消滅に繋(つな)がりかねない。

そこで、餅文化の中でも特に重要なお雑煮。我が家では伝統的に三が日とも朝はお雑煮。溜まり仕立ての澄まし汁で、焼かない切り餅と餅菜を煮ただけのもの。僕は今でも餅を五つは食べる。お汁はほとんど飲まない。餅の旨さに惹かれるから。様々な身（具）が入るから雑煮とはいうのだろうが。よく、名古屋人はケチだから、雑煮までもケチっていて何にも入れないと言われるが、当地の、餅米の良さから、餅そのものが美味いので、その美味さをじっくり味わう為に、敢えて他を入れないのが本当のところだろう。

ところで雑煮、安永四年（一七七五）刊の『物類称呼』には、

○**雑煮**　餅にいろいろの菜肴を加へ煮てあつものとし　年のはじめに祝ひ食ふ　俗にこれを雑煮といふ　畿内にて。雑煮と云う　又かんとも云う　江戸にて新吉原にて。かんと云う……かんとは羹なり　あつものと訓ず○ぜんざいもち京江戸共に云う　上総にて。じさいもち　出雲にて。じんざいもちと云う　神在餅と書くよし也　土佐にて。じんざい煮といふ　土州（土佐）にては小豆に餅を入れて　醤油にて煮　砂糖をかけて喰う　神在煮又善哉煮などと称すとなり○かがみ餅諸国の通称也　圓なる形によるの名なりとかや　東国にて。そなえと呼又。ふくでん共云……

とある。嘉永六年（一八五三）成立の『守貞謾稿』には、

> 元日、二日、三日　諸国ともに雑煮を食ふ。雑煮、本名を「ほうぞう」と云ふなり。五臓を保養するの意にて、保臓と書すなり。またあるひは、縉紳家（貴族）には烹雑と云ふ。今世、京師の雑煮、戸主の料には必ず芋魁を加ふと云へり。
> 大坂の雑煮は味噌仕立なり。五文取り（餅）ばかりの丸餅を焼き、これを加ふ。小芋、焼豆腐、大根、乾鮑、大略この五種を味噌汁にて製す。膳は外黒内朱の蝶足の膳に、四つ椀も内朱外黒を普通とす。定紋付もあり。膳上に裡白をしき、塩鯛一尾づつをすへる。四つ椀の間に塩鯛を置くなり。江戸は切餅を焼き、小松菜を加へ、鰹節を用ひし醤油の煮だしなり。塩鯛、裡白のことなし

江戸中期の尾張藩士で国学者の天野信景の著『塩尻』には、

> 我が尾州の俗、元日雑煮の上に蛤のあつ物、飯饌に大根の汁、田作の鱠を用ひ侍るは、津島よりの風俗と見えたり、「浪合記考」今柳栄及び三家の御方、元旦より三箇日、御高盛麥飯ねぶか汁、いなだの鱠、兎のあつものなど用ひさせ給ふは、三州松平の御佳例とぞ、（以下略）

とある。お正月の雑煮は、何処でも三が日毎日食べるものと思っていたが、案に相違して、家内の実家の東海市辺では、元旦は雑煮だが、二日目は伊勢芋汁、三日目はフリー。天白では三が日とも雑煮ではなく、善哉だそうだ。東北地方では筋子を入れ、中国地方では餡の入った餅のお雑煮。善哉は神在で、まことに有難い食べ物。お雑煮、善哉ともに日本人が築いてきた農耕儀礼文化の象徴。節目節目の行事・食事を後世に伝えたいものだ。（２０１６年１月）

だつの酢煎り

今回は随分以前『なごや飲食夜話』の「おしょろいさま」の項で記した、お盆のおしょろいさま（御精霊様）にお供えする精進料理のメニューの一つ、だつ（里芋の茎＝ずいき）の「酢煎り」。我が家ではお盆のお中日、八月十四日のお昼の献立の一つ。「だつの酢煎り」をあえて簡潔に再録すれば、「だつを酢でもみ、砂糖を加えて甘酢っぱく煎るように煮たもの」。愛知の郷土料理としてもかなり珍しいようだ。

ところで、何故これがお盆の精進料理に入っているのか。まず「だつ」という呼称。耳慣れない言葉だが、里芋の茎を「だつ」というのは、仏教語「駄都」で、サンスクリット（梵）の「d hāt u」の音訳。『仏教語大辞典』（中村元著、東京書籍）では、

【駄都】だと　dhātuの音写。界と漢訳する。①種族（グループ・カテゴリー・部類）の意。十八界・三界などの場合。②体制の意。法界の界。③仏舎利をいう。

とある。「駄都」は「だつ」とも「だと」とも言い、仏舎利の意があった。里芋の茎を「だつ」と言うのは、尾張・美濃・飛騨を合わせたいわゆる濃尾地域と佐渡だという（日本国語大辞典）。佐渡を除けば愛知・岐阜に限定される。つまりご当地独特の呼称といってもいいのではないか。佐渡は濃尾地域から伝わったとも考えられる。

「ずいき」については、辞書によれば「芋茎・芋苗」・「随喜」・「瑞奇」などの項目があり、「芋茎・芋苗」は、「①サトイモ類の茎。②芋の茎を干して作った秘具。肥後ずいき。」とあり、「随喜」は、「①仏語。他人のなす善を見て、これに従い、喜びの心を生ずること。転じて大喜びをすること。②（①から転じて）法会などに参加、参列すること。「随喜の涙を流す」はこの随喜。「瑞奇」は、めでたく珍しいこと。みずみずしく不思議なこと。」とある。

この他辞書には、「随気」（わがまま・きまま）、「随機」（仏語。衆生の機、すなわち能力や性質に応ずること）、「瑞気」（めでたい運気。瑞祥の気）、「瑞亀」（吉兆としての亀。めでたい亀）などの項目がある。

つまり、「だつ」と「ずいき」、呼称は異なっても仏教が元になっている言葉、だからお盆の献立に入っているとわかった。

最近、年中行事用の野菜などが手に入りにくくなっているのは困ったことだ。手に入りにくい野菜として「駄都」と双璧をなすのは「もち菜」だ。今から十年くらい前まではお正月近くになると、八百屋（という呼称も今や死語に近い）や百貨店の生鮮食料品売り場などでごく少量扱われていたが、現在は皆無。「駄都」も同様だ。数年前まではお盆近くになると売られていたが、現在は見つけるのが非常に難しい。もち菜は小松菜で代用される（僕自身は食感も味も違うので好まない）が、「駄都」は代用ができない。わが家では、東三河の知り合いに頼んで、送ってもらっている。やはり、お盆の精進料理に使う「かりもり（瓜）」「千石豆」なども、手に入りにくくなり、お盆のお供えは代用品で済ませるしかなくなってしまった。

お盆の精進料理には、一つ一つ長い年月を重ねて伝えられてきた民俗の意味がある。代用品ではこの意味は果たされない。伝統は途切れ、伝承されてきた文化が消滅してしまう。日本各地の祭礼や芸能、熊野古道などがユネスコの世界遺産に登録されたといって喜んでいる場合ではないと思う。日本文化を支える足元が揺らいでいる。伝統野菜を作ってくれる農家、日本文化の根幹である稲作や漁業の担い手の養成が必要不可欠だ。それがあって初めて世界遺産登録を喜ぶことができる。

分葱（わけぎ）・人参（にんじん）・餅菜（もちな）・蕗（ふき）

分葱、餅菜は愛知県特産、人参、蕗は愛知県が生産高日本一。こういったことは名古屋人にも愛知県人にもほとんど知られていない。今回は特に分葱と餅菜の話を。まずは分葱。安永四年（一七七五）刊の『物類称呼』には、

冬葱　ねぎ○関西にて○ねぶかと云（いう）……関東にて○ねぎといふ　ねぶか　とは根ぶかく土に入こゝろ　胡葱（あさつき）は浅き葱（き）の意　根深に對（たい）したるの名なるべし　つ　は助字なり　和名　きといふ　故に一ト文字と云（いう）　分葱はわかちとる義……

とある。分葱は『日本国語大辞典』に、

ユリ科ネギ属の栽培植物で葉を野菜として利用する……鱗茎は長卵形で赤褐色の外皮におおわれる。葉はネギより細く叢生（そうせい）。夏季休眠する。株分けで繁殖。葉を食用にするため栽培さ

れる……◇わけき尾張　長門　周防

とある。これらを総合して勘案すると、「冬葱」は「ねぶか」または「ねぎ」と言い、もともとは「き」とのみ言ったらしい。「あさつき」は「つ」は助字だから「浅いき」となり、何が浅いのか、「根」が浅い「き」の意となる。「海鼠」も本来は「こ」で、生の「こ」が「なまこ」、「こ」の内臓が「こ」の「わた」で「海鼠腸」と言われるのと同じだ。また「わけき（わけぎ）」なる呼称は愛知県と山口県にあるようだ。

　茹でて田螺と酢味噌和え（ヌタと言う）で食べる。田螺が手に入らない時は青柳でもアサリでも可。三月三日の上巳の節句にはお雛様にこれと「おしもん（おこしもん）」を供えるのが名古屋の習慣。家内は東海市の出身なので、近くの田圃や池に田螺を獲りに行ったことをよく話す。小さな穴を開けた柄杓を用意して、池の水を浚えると水は穴から落ちて田螺だけが残るという具合。田圃や池の岸部近くに、春になると沢山の田螺がいたらしい（以上『なごや飲食夜話』「おしもん」参照）。

　いまでも生鮮食料品売り場には季節になるとツボを売っているが、家内の獲っていたというツボとは味が違う。鮮度の問題かとも思われるが、こういった新鮮なツボとか分葱が手に入りにくくなってしまった。挙げ句の果てに分葱は広島特産などと言われると、名古屋人の僕にとっては腹立たしいことこの上ない。事実売り場にあるのは、お高い広島産とお値打ちな愛知産があるのみだ。

　さてこの次は「餅菜」。これは名古屋のお正月には欠かせない代物。最近小松菜の代用が目立っているが、残念なこと。お雑煮に入れるのに餅菜と小松菜では大違い。ご承知のように、名古屋のお雑煮はすまし汁で焼かない角餅と餅菜だけのもの。餅と餅菜だけのお雑煮では、餅は勿論のこと、菜の味も大事だ。中日新聞の日曜版に、餅を焼かないのは、餅は城で城を焼かないように、また菜だけなのは菜＝名で、名を上げるに通じるからだと書かれていたが、こんな話は未だかつて聞いたことがない。一〇〇％名古屋人の僕が知らないくらいだから、新聞に記述するときはその根拠を書いておいてもらえると有難い。

　閑話休題。名古屋の餅はとても美味いので、その美味さを味わうため、餅の美味さを損なわない程度に他の身（具）を入れるのだ。そういえば東北地域ではお雑煮に筋子を入れたり、山陰ではあんこの入ったお餅をお雑煮にしたりしているが、これも好みの問題で、食する人が美味いと思っていれば何の問題も無い。そういえば、名古屋も天白辺りでは、餡子の入ったお餅でお雑煮を食べるところもあるとか。家内の実家辺りでは、お正月の二日には必ず伊勢芋のとろろ汁を食べる習慣がある。しかし名古屋（熱田）ではその習慣が無い。名古屋市、天白区、東海市といった狭い範囲でもお正月のメニューは様々だ。

大事なのは、こういった地域で異なる伝統的な食文化が持続可能であることだ。餅菜が無ければお雑煮が食べられないわけではない。分葱が無ければお雛様への供え物が出来ないわけではない。しかし、当地の伝統的食文化が消えてしまうことに変わりはない。人参も蕗も同様だ。こういった地場産の農作物の保護育成が伝統的食文化を次世代に繋(つな)げる重要な施策である。

鮨食いねぇ（鮨食べやーせ）

鮨食いねぇ　鮨を！
江戸っ子だってねー
神田の生まれよ

どこかで聞いた台詞。いかにも江戸っ子らしく、歯切れがいい。しかし、古くは鮒鮨、鮎鮨などの熟れ鮨。これだと前記のような会話は難しい。熟れ鮨といえば大津の鮒鮨が有名だが、平安時代の延長五年（九二七）に完成した『延喜式』には、大宰府から朝廷へ鮒鮨が献上されていたこと、吉野が鮎の熟れ鮨を献上していたことが記されている。鮨は発酵食品だった。江戸時代になると、醸造業が盛んとなり、酢が作られるようになって、熟れ鮨から早鮨に移行した。そうして、筥鮨（押し鮨）、散らし鮨、握り鮨、巻き鮨、油揚鮨などなど、多種多様な鮨が現れる。やがて、酢が知多半島から船で大量に江戸に運ばれるようになると、江戸で握り鮨の立ち食いが流行る。こうなると「鮨食いねえ」が成り立つ。

ところで、名古屋近郷では祭りのご馳走に筥鮨を振る舞うところが多い。わが家ではこの筥鮨はお祭りでも全く出なかった。熱田祭りや町内の氏神金毘羅さんの例大祭などでは、必ず巻き鮨と油揚鮨が山のように出たが。ところが熱田でも出るところはあった。沢下町（熱田区）の親戚に行くと時々出た（祭りでないときでも）。また家内の実家のある知多半島では祭礼に必ず出た。沢下町の親戚は伯父が東海市の出身だったからかも。

嘉永六年（一八五三）いったん成立した『守貞謾稿』の「鮓」の条には、

鮓　すしと訓ず。愚按ずるに、鮓は近来の俗字なり。すしのこと…三都とも押鮓なりしが、江戸はいつ比よりか押したる筥鮓廃し、握り鮓のみとなる。筥鮓の廃せしは五、六十年以来やうやくに廃すとなり。

とある。筥鮨（押し鮨）は、酢ができて熟れ鮨が半熟れになり、さらに押すだけになったのだが、気の短い江戸っ子にはそれでももどかしかったのか、幕末には押し鮨は廃れて握り鮨に移行したようだ。続けて同書には、

筥鮓と云ふは方四寸ばかりの筥に酢と塩を合せ、まづ半ばを納れ、醤油煮の椎茸を細かにき

りこれを納れ、また飯を置き、その上に鶏卵焼き・鯛（たい）の刺身・鮑（あわび）の薄片を置きて縦横十二（横四つ、縦三つ）に斬る。

とある。これによれば、ネタに鯛や鮑を用いるなどなかなか豪華な感じがする。

僕の知っている限りでは、ネタとしてのっていたもののうち、一番印象に残っているのは「はえ」だ。はえといえば、子どもの頃の印象では、鮒（ふな）の小さいものだとばかり思っていたが、辞書には、

はえ【鮠】魚「おいかわ（追河・追川）」の異名。また鯎（うぐい）などの川魚をいう。

とある。さらに「おいかわ」については、

コイ科の淡水魚全長一〇〜一五糎（センチ）…関東ではヤマベ、関西ではハエなどと呼び、異名が多い…じんけん。しらはえ。

とある。僕の記憶では、当地の「ハエ」なる魚は、体長は最大でも五センチくらいで、灰色の

金魚といった感じの小魚だった。筥鮨をしないわが家では、時々ハエの溜まり仕立ての煮付けが出た。ところがこのハエ、形(なり)は小さいが、小骨が堅く骨ごと食べるにはかなり長時間咀嚼(そしゃく)しなければならない。だから子どもの頃からハエはあまり好きではなかった。たまにハエに混じってモロコがあったが、モロコは小骨も優しく味も良かったので、モロコが見つかると宝物でも探し出したようなうれしさがあった。

　ハエののった筥鮨もハエの煮付けも好みではなかった。僕の主義からしてこういった嫌いなものは早く食べてしまって、その後、お好みのめじろ・田麩(でんぶ)・玉子・蒲鉾ののったところをゆっくりと味わいながら食べた。

　この筥鮨についている、色鮮やかで弾力感の強い寒天が、実は僕の好みだった。

鮨食いねぇ（鮨食べやーせ）続

ところでこの筥鮨（はこずし）を柿鮨（こけら）ともいう。柿鮨のいわれは、宝永三年（一七〇六）刊の森川許六編『本朝文選』五「銘類・飯酢名〈五仲〉」には、

かの茄子（なす）たけの子の酢といへば、何のこけらにも似かよひて、あま法師のこがれものならんに…（『日本国語大辞典』「こけら」の項③による）

とある。これによれば、茄子や竹の子を薄い剥ぎ板（柿（こけら））のように薄く切って酢飯にのせるからかと思われる。

また、別の資料『続群書類従』所収の『料理物語』（寛永二十年〈一六四三〉刊）には「柿鮨」について、

こけらずしの仕様　鮭をおろし。身をひらひらとおほきにつくり。めしに鹽（あらしお）かげんしてか

きあはせ。そのまゝをしかけ申ばかり也。

とある。これだと鮭と飯を掻き合わせた上で、押した鮨。一方、『日本国語大辞典』には、

すしの一種。薄く切った魚肉や貝肉、たまご焼き、しいたけなどを、こけらぶきのように、飯の上にのせ、押しずしにして四角に切ったもの。魚の腹などに飯をつめた丸ずしに対していう。こけら。

とある。出典は前記と同じ『料理物語』だが、前記本とは別本か。いずれにしても、薄く剥いだネタを酢飯にのせ、上から押して圧力をかけたもの。圧をかけるには、ネタが分厚過ぎると押しにくくてうまく漬からない。しかし『守貞謾稿』には、筥鮨のネタは、

鶏卵以下、従来極めて薄くす。天保初め比心斎橋南に福本と云へる鮓店を開き、玉子・刺身ともに厚さ一分半余、二分（約六ミリ）もあり。従来は五厘ばかり（1・5ミリ程度）の厚さなる故に、衆人はなはだこれを賞し、買人市をなし、容易に得がたきほどなり…

とあって、ネタは薄ものが普通で、分厚いものは珍重されたようだ。豪華に見えたのだろうか。

　ところで筥鮨の筥。かつては家庭に筥鮨を作る筥（箱）がよく見られた。鮨筥は、これも『守貞謾稿』によると、

　蓋（ふた）は篗（わく）の内に入り、底は篗の外面と同じくす。蓋・底ともに放れ、またともに籜（たけのかわ）を当て飯の著（つ）かざるに備う。

　この篗と均しく飯を納（い）れ、斬石をもつてこれを圧すなり

とある。押すのに斬石を用いるとある。斬石があまり重いと漬かり過ぎたり、筥が壊れたりする恐れがある。丁度良い重さとはどれくらいであろうか。現在では、筥を五段から十段くらい重ねて、最上部に楔（くさび）を打ち込んでしっかりと圧をかけると、半日くらいで食べられるようになる。なるべく段の下の方から取り出して食べるのが普通だった。

　一般に鮨も鮓も「酢に漬けた魚」の意。「鮓」の音は「サ・シャ」、訓は「すし」、文字は形声文字（意味を表す文字＋音声を表す文字の組み合わせ）で、「魚」＋「（音符）乍（サ）」で意味は、酢につけた魚または酢・塩で味をつけた飯に、魚肉や野菜などを混ぜたもの。また酢をした飯を握って、その上に魚や貝類の肉をのせたもの。「鮨」も同様。ただし、鮨は「魚＋（音符）者

（「年をへた」「長い間とっておく」の意）の略体」。つまり鮓の実態からこれらの漢字が作られたとも考えられる。

また、『守貞謾稿』には、

およそ鮓は冬これを食すこと常平より減ずるが故に、江戸にては十月以後、鮓店にて専ら鮒(ふな)の昆布巻きを製し兼売る…京坂には別店にてこれを売るのみ。すしやにては売らず。

とある。寒い冬に冷たい鮓は不人気だった。また同書には、

散らしごもく鮨、三都ともにこれあり。起(おこ)し鮓とも云ふ。

ともある。「押し鮓」に対する「起こし鮓」。また、食べやすい大きさに切るから切り鮓。『守貞謾稿』では、筥鮓ばかりでなく鮓にはかなりの紙面を割いている。鮓人気のほどがうかがわれる。

名古屋ごはん・お饅頭

〽名古屋娘は花娘
よいと　それそれ　紅つけて……

僕の好きな歌「なごや娘」。明るくて華やかで洒落(しゃれ)ていてとってもいいが、ほとんど知られていない。同じように名古屋の食文化もなかなか正確には知られていない。名古屋にはうまいものや見るべきところがいっぱいあるのに。名古屋人自身にそういった自覚が無い。「尾張飲食夜話」も幕切れ近い。そこで今回と次回は無礼講で、僕の大好きな行き付けの店を、その理由を付けて紹介したいと思う。

　僕は気に入ったらとことん行き続ける性格。なので四十年五十年と長く通い続けている店から。№1は言わずと知れた「そーれ」。同じ餡(あん)掛けスパでもヨコイにはほとんど行かない。高校一年生以来通い続けて五十数年。お目当ては常に「そーれ」。暫(しばら)く行かないと無性に食べたくなる。何か秘薬でも入っているのではないかと思われるほどだ。

次は住吉町（名古屋市中区）の「鮨處廣」と松栄町（昭和区）の「澤寿司」。どちらも開店早々から。廣の大将鬼頭釼二君（故人）は東海高の二年後輩。寿司屋の暖簾などに書いてある「江戸前」とはいわず「伊勢前」の呼称に拘った。江戸の海で獲れたなら江戸前だが、伊勢の海で獲れたのだから伊勢前だと。理に適っている。ただ、それを言うなら「熱田前」と言って欲しかった。尾張の古地図には熱田前とあるから。廣の今の大将は当時板さんだった倉科君。先代の意を継いで堅実に握っている（廣は今年〈平成29年〉六月に閉めてしまった。残念）。澤の大将鈴木君は創意工夫が好きで、オリジナル野菜寿司を始めた。なかなか上出来で、もっと広まればと心密かに思っていた。しかしそれほど広まらず残念。この二店が好きな理由は、ネタの良さもさることながら、「醤油を付けないで」とか、ネタの産地の講釈など言わない点だ。五月蠅く言われると食べたくなくなってしまう。共通点は時期になると「坂手の雲丹（鳥羽の坂手島で水揚げされた雲丹）」が出るのと、両家とも三人娘。

四十年近く通っているのはスペイン料理の「ラマンチャ」。開店間もない頃からの行き付け。若夫婦で始めた店だったが、今や孫の写真をポケットに、好々爺よろしく店を切り盛りしている。人参サラダとパエリヤとサングリアが好き。その上、僕の無理な注文にも洒落で応えてくれる。例えばラーメン・素麺と注文すると麺はそれだが、出し汁がズッパ。開店初期のメニューに豚肉のオレンジ煮なるものがあった。オレンジと豚肉が合うということを初めて知った。

大将の白木さんは、料理のレシピを惜しげも無く教えてくれるので、これは我が家のメニューにもなったが、腕に自信がある証拠だ。

次がイタリアンの「ウインクル」ここも三十五年通い続けている。ここの大将はそれ以前は学習塾のオーナーだったとは驚き。二度目に行った時、マスターが僕の顔も、食べたメニューも覚えていたのにはビックリ。ペスカトーレ、ウインクルサラダがいい。

続く古い付き合いは鰻(うなぎ)の「蓬莱軒(ほうらいけん)」と「大和田」。亡くなった蓬莱軒の大女将(おかみ)鈴木関子さんの名古屋弁はとっても上品で優しい、まさに名古屋弁の極致だった。僕の母や叔母達も使っていた上町(うわまち)言葉。「櫃(ひつ)まぶし」の元祖。大和田は僕の旧宅（熱田区旗屋町）の近く。かつてはかしわ屋「鳥幸」。僕はここのかしわも好きだった。大和田の若大将夫婦は僕たちが仲人（勿論(もちろん)頼まれ仲人だが）。両店とも鰻の焼き具合が抜群にいい。通い歴は浅いが日進通りの「有本」も大好き。

続いて十六年通っているイタリアンの「チェントロ」。ウインクルやシェマーボー（『なごや飲食夜話　二幕目』「僕のマーボー」参照）で腕を磨いた大将（というのにはちょっと若い）哲君が奥方と二人で始めた。生来勘が鋭く、材料選定も料理方法も抜群。手に入りにくいものも持ち前の笑顔とねばりで獲得してくる。例えばシンコ（鰶(このしろ)の幼魚）、鳥羽の坂手の生ウニ、東三河山間部や長野の猪(いのしし)肉・鹿肉といったもの。これらを独自の方法で料理して出してくれる。

生野菜の山盛りサラダもいい。

中華なら今池のピカイチ。ドラキチの店として夙に有名。創作中華のゴボウ・ダイコン・ピカイチ麺、どれも絶品。ラーメンなら春岡六丁目の好来道場（好来軒）。ピカイチは三十年、好来軒は五十年通っている。

焼き肉は炎園（錦三丁目）、秘苑（錦三丁目・四谷通）。ここも通い歴四十年。うまさが変わらない。

うどんは餡かけうどんの芳乃家（桜山二丁目）、味噌煮込みのまことや（檀渓通）、カレー煮込みの山本屋（大久手）が定番。

一番新しいお気に入りはイタリアンのカーサデラマンテと鰻の澤正。両店を経営する加藤正二君（東海の後輩で元プロテニスプレーヤー）の甲斐甲斐しい姿がほほえましい。

これらの店は全く僕の個人的嗜好とサイクルが合って、飽きもせず通い続ける所。星の数より我が舌が真。お饅頭は次回に。（2016年3月）

名古屋ごはん・お饅頭　続

飲食夜話も愈々（いよいよ）大詰。今回は前回の続きで文ちゃまのお気に入り、饅頭（まんじゅう）編。名古屋は日本一の抹茶文化圏。抹茶にはお饅頭。したがって饅頭の生産高日本一は勿論（もちろん）名古屋。こう言うと、それって京都じゃないの？とか金沢では？とかよく言われるが、いずれも間違い。和菓子と言えばどこが一番か分からないが、饅頭は名古屋だ。だから名古屋には饅頭屋が多い。僕の子どもの頃には、大げさに言えば、町内に一軒の饅頭屋があったほど。我が旧家（熱田区旗屋町）の周りにも、小学校低学年の僕がお使いに行ける範囲内に二軒あった。そういえばお茶屋（抹茶屋）も二軒。

それではお正月の饅頭から。元旦は「花弁餅（はなびらもち）」。蜜漬け牛蒡（ごぼう）に味噌餡（みそあん）を付けて求肥（ぎゅうひ）で巻いたもの。元々宮中で正月に神前に供えていたものを、明治期に裏千家十一世玄々斎が初釜（はつがま）に用いるようになった（日本国語大辞典）という。花弁餅は両口屋。牛蒡と餡と求肥の三位一体の味がまことに良い。尾張二代光友公が揮毫（きごう）した「両口屋是清」なる看板で有名。

春ともなれば桜餅。周知の通り、これには、道明寺と長命寺がある。ワッフル状皮の長命寺よりも道明寺粉の桜餅の方が好き。桜餅のみならず、他の饅頭でも道明寺皮のものは、僕のお好みの味。もちもちした食感が堪らない。「草餅」「花見団子」も春の楽しみ。

そして五月。茅巻・柏餅。葛茅巻に紅白の錦茅巻は両口屋。柏餅は松月。餅皮が美味い。続いては「初がつお」。切り口の美しさと程よい甘さが絶妙。是は美濃忠。美濃忠は初代義直公以来の桔梗屋の末裔。松月の「あやめ団子」、自家製の「ぼた餅」も。大口屋の麩饅頭「さんきら餅」も香りとやさしい甘さがいい。その他「若鮎」。

十月から翌年六月までの限定は芳光の「わらびもち（蕨餅）」。餡を包んでいる蕨がやわやわで堪らない。すぐに破れそうなのだが、ところがどっこい簡単には破れない。故十代目坂東三津五郎が大好きだった。このうまさを東京その他全国津々浦々の友人知人にも教えたい。とはいえ、賞味期限が当日のみと極端に短い。地方発送など以ての外。なので、当時の番頭山田さんが御園座ロビーの机で粛々と発送カードを書いていたのを思い出す。蕨餅の無い時期は葛饅頭。これも蕨餅同様柔らかさ抜群。真夏の「水羊羹」はむらさき屋。「葛焼き」「金玉糖」。葛焼きは甘味が抑えられていていくつでも食べられる。金玉糖はクリスタル風の外観が涼味を呼ぶ。

秋は、実りの秋・天高く馬肥ゆる秋で、饅頭の種類も多い。先ずは栗。茶巾絞りの「栗きんとん」、次いで「焼き栗」「栗鹿の子」は芳光、「栗薯蕷」は京都の駿河屋が好き。特に栗鹿の子は栗の実を縦に二分したものいくつかで餡を被ってあるが、栗の歯ごたえが実に心地よい。両口屋の「山里饅頭」秋のもの。

冬は芳光の「椿餅」、その後「木の芽餅」となる。艶々の椿の葉で上を被った椿餅。木の芽の香りが心地よい「木の芽餅」。

お仕舞いは季節を問わないお菓子で、いつでもどこへ持って行っても、喉越しが堪らないと喜ばれる万年堂の「おちょぼ」、まろやかで上品な甘さとやわらかさの美濃忠の「上り羊羹」、餡の甘さがもう一つ食べたくなる花乃家の「都まんじゅう」。その他、松花堂の「味噌松風」、いろはの「夕月」等々。おっと忘れていけないのは川口屋。今は錦三丁目だが、江戸時代は堀川の川口にあって、熱田社への寒参りは川口屋で下帯一丁に。参拝の後は、ここで衣裳を着替えて名物の飴を買って帰るという習慣だった。

付け足しだが、『なごや飲食夜話　二幕目』で「無くなって残念」と書いた栄華麺だが、本書を読まれた名古屋経済大学市邨高校の先生（当時）が、味を引き継ぐ仲田の「虎龍」をご教示下さった。

書き漏らしたものはプリンセスガーデンホテル地下の「ちゃんこ琴櫻」、昭和区のブールヴァール・デ・ガトーなどなど、まだいっぱいある。うどんやラーメン、ケーキなどの洋菓子も、好きで通う店は多いのだが、そこまで行き着かぬうちに、紙数も尽きてしまった。この辺りで

幕引きを。十返舎一九風に「煙と共にハイさようなら」。まあず飲食夜話はこれぎりィ〜。（2016年4月）

第四章　番外編

南山歌舞伎夜話

弁天「雪の下から山越に先(ま)ずここまではぁ落ち延びたが」
忠信「行く先詰まる春の夜の鐘も七つか六浦川」
赤星「夜明けぬうちに飛び石の須崎を離れ舟に乗り」
南郷「故郷を後に三浦から岬の沖を乗り回さば」
駄右衛門「陸(くが)と違って波の上人目にかかる気遣(きづけえ)い無し」

以下延々と五人男のツラネが続く。言わずと知れた河竹黙阿弥(もくあみ)の『青砥稿花紅彩画(あおとぞうしはなのにしきえ)』(通称「白浪(しらなみ)五人男」)稲瀬川勢揃(せいぞろ)いの場の五人男の花道でのツラネ台詞(せりふ)。ここは歌舞伎中随一の人気場で上演頻度が最も高い。前幕の「浜松屋の場」で、浜松屋幸兵衛の倅(せがれ)宗之助が実は日本駄右衛門の子、弁天小僧菊之助が幸兵衛の実子であったことが判明、その上幸兵衛は元小山家の家臣で、小山家の重宝「胡蝶(こちょう)の香合」紛失の責めを負っての町人暮らしとわかる。悪いことは出来ないと悟った五人は、改心して、以後義賊として働くことを誓う。駄右衛門をして「盗みはすれど非道はせず」と言わしめたのは勧善懲悪をモットーとする黙阿弥たる所以だ。

　このお芝居の「白浪」とは、「後漢書　霊帝記」にある黄巾の賊が、白波谷にこもって略奪を働き、「白波賊」と呼ばれた事に始まるが、一説では、単なる盗賊ではなく、今で言う反政府勢力だったという。日本に入ってからは、「白波」が「白浪」と変化していった。波↓浪は「浪人」「浪花」等「浪」の方が馴染みがあったからか。

　さて、南山歌舞伎の始まりは十年前の二〇〇五年。僕の専門は近世芸能文化。言い換えれば浄瑠璃・歌舞伎研究。西暦二〇〇〇年に文学部国語学国文学科と外国語学部日本語学科が合併、日本文化学科となり、日本文学・日本文化・日本語学・日本語教育の四コースで、それぞれ教員四人ずつで出発した時から。近世文学・文化研究の上で重要なことは、近世文化を研究するには近世文学の読解が必要不可欠であるということ。さらに、浄瑠璃・歌舞伎研究では、その上演形態で研究する必要がある。つまり近松の研究で大事なことは、義太夫がどんな曲節で語ったかということ。歌舞伎も同様、上演形態での研究が重要だが、さらに、実際に演じてみることがもっと大事。関東でも関西でも、大学の合同歌舞伎研究会があって屡々公演しているが、僕の場合は狙いが違って、実際に顔を作って、衣裳を着て、鬘を着け、道具立て（背景）もすべて本物、地方（唄・三味線・太鼓・鉦）・付け打ち・柝もゼミ生が着物を着て演じることにしている。歌舞伎の実演を目的にしているのではない。こうすることによって、歌舞伎研究・ひいては江戸文化（近世文化）研究に新鮮な視点が開かれるのを期待するからだ。あるゼミ生は、台詞やビデオを読んだり見たりしているだけとは違って、実際に演じることで、歌舞伎が体内に入ってくると感じたと言っていた。

歌舞伎上演は費用もかかる。そこで衣裳・鬘は新城歌舞伎の物を、大道具（背景）は華新（現在解散）の物をボランティアで拝借。長唄指導も杵屋喜多六師にボランティアで。必要経費は主に顔師さんへの謝礼や衣裳・鬘の運び代などなど。しかし、学生から経費をとるわけにもいかず、結局は僕のポケットマネーで。それでも、十年で百人（三年目からは二組、十年目は三組）の五人男が誕生した。

大喜利の今年の目玉は、僕の南山大定年退職の年でもあり、駄右衛門（僕）・弁天（新城の山・臼子歌舞伎座員、南山歌舞伎・名古屋こども歌舞伎・大府こども歌舞伎指導者の熊谷好幸さん）・忠信（ミカエル・カルマノ南山大学長）・赤星（杵屋喜多六家元）・南郷（山出文男世界劇場会議名古屋副理事長）。例年以上に、山のようにお捻りが飛び、大向こうからは様々な声が飛ぶ、華やかな賑やかな舞台となった。江戸時代の歌舞伎見物さながらの会場は、飲み食い自由としたが、ほとんどの観客は、菓子とお茶で楽しんでいた。歌舞伎と言えば「かべす」、すなわち、菓子・弁当・寿司が常識だが、これに「さ」または「し」を加えたい。「さ」は酒、「し」は焼酎。再建御園座ではぜひこれを実施してほしいものだ。（2014年3月）

インドネシアの風

遠い地平線が消えて、深々とした夜の闇に、心を休めるとき……満点の星を頂く果てしない光の海を、豊かに流れゆく風に心を開けば、煌めく星座の物語も聞こえてくる……

ご存じ、城達也の「ジェットストリーム」オープニングナレーション。今から三十年以上前の人気番組だ。ラジオから流れてくる深夜放送の「語り」を聞きながら、そんなロマンチックな場面を想像し、いつかはと思っていた。それが約三十年後現実に。インドネシアでの行事を終えての帰り、バンドンからの帰途、乗り換えたシンガポール空港を飛び立ったのは、午前一時三十分発のセントレア行きシンガポールエアライン。僕と家内の二人並びの席で、飛行機の窓から眺めた光景はまさにこれだった。闇に煌めく星の光は宝石を鏤めたよう。思わず二人ともこの眺めに魅入ってしまった。

インドネシア行きの話が出てきたのは三年前。南山大学大学院国際地域文化研究科（外国語学部アジア学科）の森山幹弘教授から。インドネシア教育大学（UPI：Indonesian University of Education）と南山大学との三年に亘る共同研究で、テーマは『日本社会とインドネシア・スンダ地域社会の比較文化研究』。初年度は南山からインドネシアへ。二年目の昨年は、UPIの副学長・社会学部長・スンダ言語文学研究科長・言語学研究者の四人が来名、今年は再び我々がUPIへ。かつて遊廓で初めて遊ぶのを「初会」、二度目は「裏を返す」、そして三度目を「馴染み」といい、床入りとなるとされた。譬えはちょっと問題があるかも知れないが、この有り様は言い得て妙だ。

二年前初めてジャカルタの空港に着いたのは、現地時間の十九時頃、もうすっかり夜になっていた。空港ビルの外へ出たとき、客待ちのタクシーの多いのに驚いた。我々は予約のタクシーでホテルへ。ホテルの玄関寸前で、車体の下の爆発物検査があったのにも驚いた。インドネシアは比較的治安はよいのだが、それでも油断はしていなかったのだ。二度目ともなると、馴れたもので、空港ビル前の喧噪も車体検査も折り込み済み。

東南アジア地区に出かけるとき、とくによく注意されるのが「水」。現地の人は抵抗力があるので大丈夫だが、我々はダメ。二年前は恐る恐る、安全のために水を持参したが、二度目の今回は、思い切って二人分五リットルの美味い日本の水を持参した。でも、やはり重かった。折角持って行った美味い水なので、これは飲み水専用とし、歯磨きなどにはホテル備え付けのペットボトルの水を使った。

現地の水道水で洗った野菜、ナイフを用いてカットした果物は食べられない。帰国後、生野菜サラダを山のように食べた。氷も同様。いくら暑くても氷入りジュースを飲んではいけない。昨年の春カンボジアに行ったとき、移動の途中の食堂で、あまりの暑さに一同冷たい飲み物が飲みたくなり、僕たちはきんきんに冷えたアンコールビールなるものを飲んだが、ジュースを所望した人もいた。氷入りジュースが出てきて、呑むのを我慢した人もいたが、飲んだ人は翌朝、救急車で病院に搬送された次第。インドネシアでは、ホットオレンジなる飲み物がベスト、ビールは常備されていない。

水といえばトイレ。インドネシアでは、水タンクの横に小さなノズルが先についた金属製のホースがついていて、これで身体を清めるらしい。因みに、このノズルが後のウオシュレットの祖先だそうだ。それに、トイレットペーパーの量が少ない、常備されていないところも多い。さらに、ウオシュレットに馴れた我々のトイレ生活をすっかり変えるわけにもいかないので、これはトイレでそのまま流せる「おしりナップ」持参で解決。

外国に行くと様々な異なる文化に出合う。歴史、風土、信仰の違いが、衣食住をはじめ全てにそれぞれ独自の文化を生む。その文化に現地で直面すると、戸惑いながらも、その文化に納得がいき、その文化を育んだ人や土地と馴染むことができる。その一方で、日本の文化を再認識もできる。インドネシア行きで、まずは、日本の水、そしてその水文化のすばらしさを、僕

は実感した次第。（2014年11月）

インドネシアの色

小学校の頃、気になる歌があった。

〽土手のスカンポ　ジャワ更紗（さらさ）
　昼は蛍がねんねする……

北原白秋作詞、山田耕筰（こうさく）作曲の童謡「スカンポの咲く頃」の一節。スカンポ（「酸模」と書き、正しくは「酸葉（スイバ）」または「虎杖（イタドリ）」だという）はともかく、気になったのは「ジャワ更紗」。小学校以来ズーッとどんなものか思っていたのだが、一昨年インドネシアに行って疑問は氷解した。ジャワ更紗とはジャワ特産の更紗（様々な模様を種々の色で染めた綿布）。一種の蝋纈（ろうけつ）染めで、藍色、緑色、黄色、茶褐色の植物性染料で様々な模様を染め上げたもの。バティックという。インドネシアではこれは略式の礼装にもなるようで、今回のインドネシア教育大学でのシンポジウムでも、スーツかバティックで出席のこととあった。熱帯地域だけあって、色鮮やかなバティックから僕好みのものを選ぶのに時間がかかった。半袖と長袖のバティック、いずれもお気に入りだ。

バティックのみならず、唐辛子や鬱金のふりかけなど調味料も色鮮やかだ。唐辛子のふりかけはめちゃくちゃ辛い。中蓋に付いた僅かの唐辛子粉をなめただけでも、発汗が止まらなくなった人がいた。赤唐辛子よりももっと辛いのが青（緑）唐辛子。タイカレーなどにも使われているのだが、たまたまジャカルタからバンドンに行く特急列車の中で食べた麺のお汁に入っていた。そうとは知らなかったので、長さ3センチほどの青唐辛子を思いっきり噛んだところ、あまりの辛さにシャックリが止まらなくなり、隣に居た家内が心配して「どうしたの？」と声を掛けてくれたが、答える暇もあらばこそだった。

一昨年も行っているので、食べ物その他いろいろ馴染みなことやものが多い。我々の宿泊はインドネシア教育大学構内にあるホテル、イソラ・リゾート。一昨年は、コッテージに泊まったが、今回はホテルの建物にも泊まった。ここでの朝食は、一昨年と全く同じ。今回も、八月二十六日から九月四日まで十泊したが、今回も一日として変わったメニューはなかった。家内は二年前は毎朝変わったメニューがあったと言うが。ご飯はジャポニカ米を炊くか蒸すかしたもの。お粥は餅米が混ぜてあるので、粘りけがある。加うるにナシゴレンという焼きご飯、これはインデカ。チキンのフライと煮込み、川魚のぶつ切の揚げ物、ハム、ベーコン、ソーセージ。オムレツはその場で作ってくれる。加うるにコーヒー・紅茶・オレンジジュース・フルーツ。

お粥はケチャップマニスなる甘いタレをかけて食べる。お粥好きの僕だが、ここのお粥も、二度目のインドネシアでは慣れて随分食べた。ハム以下のものはごく一般的なホテルの朝食。ただ、オムレツだけは、作りたてということもあってか妙に味が良かった。このオムレツにかけるのが、ケチャップか、もっと赤色鮮やかなケチャップ風タレ。こちらは赤唐辛子が入っているのか、ふりかけ同様めちゃめちゃ辛い。でもそれに慣れると、そっちの方が好みとなってしまう。不思議なものだ。食後の後味がいいのだ。

コーヒーはジャワコーヒー（インドネシア独特のコーヒー）ではなく一般的なもの。ジャワコーヒーはお湯を落とすのではなく、砂糖を加えて、挽(ひ)いたコーヒー豆を煮出すもので、淹(い)れ立てはコーヒー中に豆の粉が乱舞していて、飲みにくい。少したつと粉が沈殿するのでその上澄み液を飲むのが良いと悟ったのは、一昨年だった。近年は砂糖は好みで後から、というスタイルもあるようだ。砂糖を入れない僕にとって、今回のコーヒーは快適だった。コーヒーポットの前には山のように砂糖が置いてあった。フルーツはちょっと遠慮、大いに遠慮で、一度も食べなかった。

パンもあったが、こちらはトースターがあって、それぞれ個人個人でトースターで焼いて、好みでバターを付けて食べる。菓子パンもある。ホテルの朝食には無かったが、デザートついでに、どこのレストランでも喫茶店でもあるのが、ホットオレンジ。まだまだ、インドネシアの味旅は続く。（2014年12月）

インドネシアの味

インドネシアは大小約一三四五〇の島からなる島国。赤道の向こう側とは言え、約六八〇〇の島からなる日本とよく似ている。三千米を越える山、そこから流れ落ちる川もあり、火山も多く、温泉もあって、これらも日本そっくり。一昨年西ジャワのバンドンにあるインドネシア教育大学（ＵＰＩ（ウピ）：Indonesian University of Education）の副学長一行が南山大学との共同研究で来日された折、下呂温泉に案内したが、彼らに大好評だったのは、展望大浴場と飛騨（ひだ）牛のしゃぶしゃぶ。帰名後ももう一度、しゃぶしゃぶを召し上がったそうな。

さて、今回はインドネシア夜話の三回目。昨年、ＵＰＩに伺った時は、共同研究『日本社会とインドネシア・スンダ地域社会の比較文化研究』の締めくくりなので、シンポジウムのみならず、講義やワークショップもあり、結構盛りだくさんなプログラムだった。僕の講義は「日本の伝統文化」、ワークショップはお得意の『白浪（しらなみ）五人男　稲瀬川勢揃（せいぞろ）いの場』。「五人男」の上演については、日本から大きめの浴衣を持って行き、衣服の上から浴衣を着せて演じさせた。着物の外、下駄（げた）、傘、刀が必要だが、下駄・刀は荷物の加減で日本から持って行けず、刀は木の棒を用意し、番傘の代わりに現地でビニール傘を購入して使用した。この場を全て演じると二十分かかるので、始めから五分後くらいのところまでの台詞を、ローマ字で書き、あくまでも日本語で言ってもらった。スンダ語訳（日本語指導の先生にスンダ語に訳してもらった）で理解させた上で。受講生を、日本駄右衛門・弁天小僧・忠信利平・赤星十三・南郷力丸の五グループに分け、それぞれ台詞のお稽古をした。九十分の時間内で台詞、所作、間を教えるのは至難の業。でも一時間くらいで一往粗々に仕上げ、いよいよ浴衣を着せて演じさせる段階になった。希望者を募ったところ、受講者ほぼ全員が挙手したが、五人男なので、時間の都合もあり、こちらで恣意的に五人を指名して演じてもらった。演技が終わったときヤンヤの喝采であったことは言うまでもない。

　これらのプログラムの合間にＵＰＩの先生方が、下呂温泉に対抗してのお国自慢というわけで、インドネシアの自然や伝統文化を満喫すべく、バンドン地域の名所・旧跡に案内して下さった。今も活動を続けるタンクバン・プラム火山の火口近くに行った。お釜の一角から水蒸気が白く立ち上っていたが、その火口をぐるっと一周できる道を歩いている人がいてちょっと不安を覚えた。帰国直後、御嶽山噴火があって、その時の風景と重なったが、逆に、すぐにＵＰＩの先生方からお見舞いのメールが届いた。

　次の日から西ジャワのタシクマラヤ（Tasikmalaya）まで、小旅行に出かけた。地熱発電所や温泉を見学しながら、初日のホテルはガルト市の郊外のグンツール山麓のホテル。錦鯉が群れて泳ぐ大池を中心にして岸辺に伝統家屋風のコッテージがあり、食事は池を船で渡って向こう側のレストラン。金属弦の琴とスリンという尺八を細くしたような縦笛、銅鑼によるインドネシア音楽。ガムランとは趣が異なって、哀愁を帯び、郷愁をそそるメロディー。どことなく琉球音楽にも似ていた。

翌日は、タシクマラヤの大きな湖を筏で渡って、古い時代の風習や遺跡の残照を見て、さらに今も十七世紀の生活を守っているナガ村（Nagaは龍の意）を訪れた。谷底にあるこの村の人々は、清流と田んぼに囲まれ、鶏と山羊を飼い、ランプを使う自給自足の生活。生活そのものが文化財だ。

この夜は同じグンツール山の反対側山麓の温泉ホテル。各コッテージに温泉が引いてあり室内で温泉が楽しめた。ただ、温度がぬるく、ゆっくりと湯船に浸かっても日本の温泉のように身体が暖まらない。ホテル庭園内で生カメレオンを見た。やはり南国だ。

帰国の前夜、インドネシアの伝統的料理、パダン料理をご馳走になった。二十数種類の料理を小皿に盛ってテーブルに運んでくれる。食べたい物を自分の皿に取る。手を付けた皿の料金だけを払う合理的なシステムが特徴だ。この料理のみならず、インドネシアの食事はいつも有り余る量が出され、食の豊かさは実に印象的だった。（２０１５年４月）

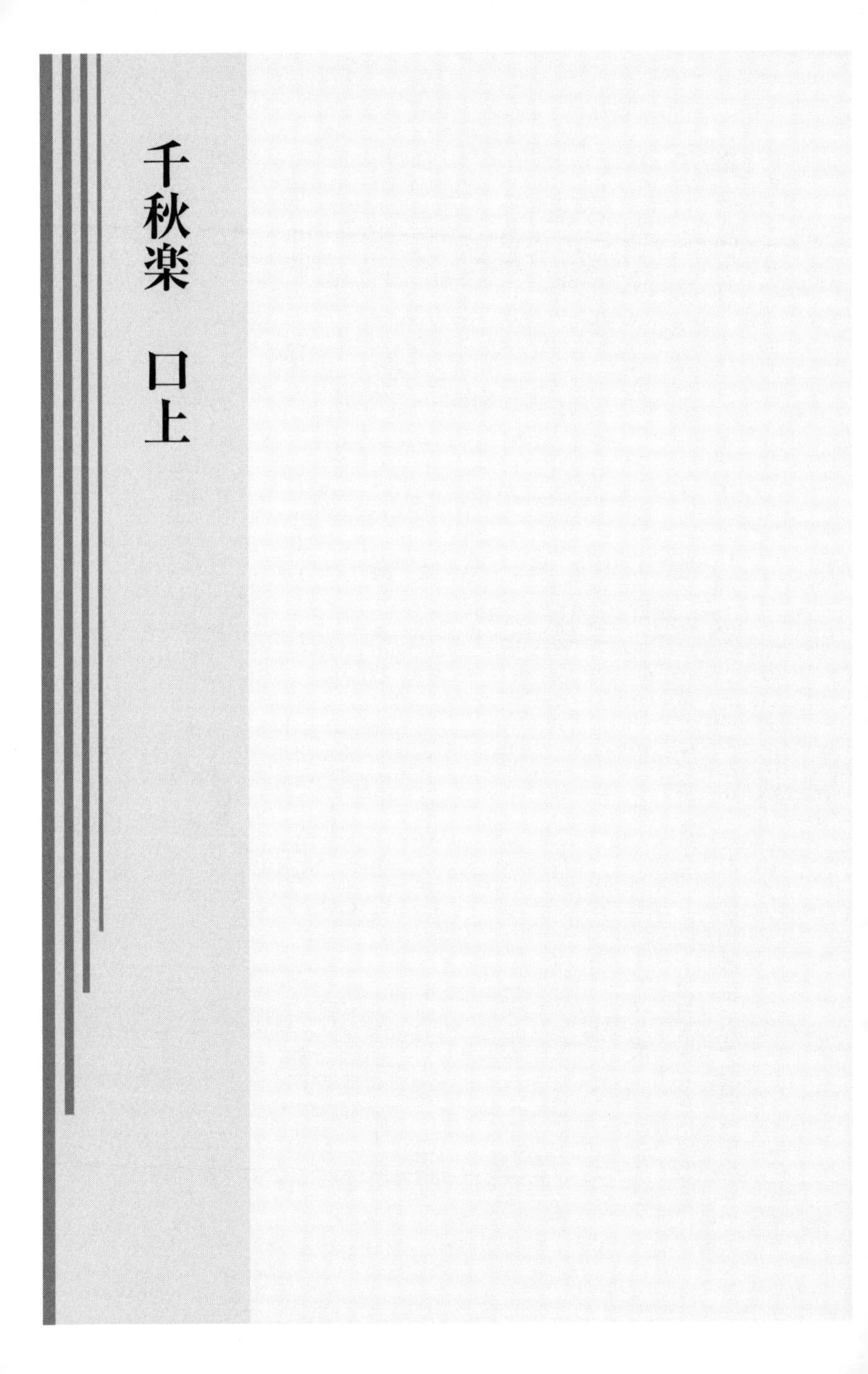

千秋楽　口上

まぁ〜ず飲食夜話はこれぎりぃ〜っ

僕は生粋の名古屋人、というより正しくは、熱田生まれ熱田育ちの熱田人。熱田で生まれ育って四十五年、名古屋の千種に移って二十七年、この間名古屋を出て生活した事はない。僕は故郷の名古屋が大好き。名古屋が、様々な面で一番だと思っている。だから名古屋が悪く言われると猛然と反発してしまう。こんな立ち位置で『なごや飲食夜話』『なごや飲食夜話　二幕目』『なごや飲食夜話　千秋楽』の三冊を書いた。

ことの起こりは、忘れてしまったが、たまたま当時冊子「あじくりげ」（編集発行・東海志にせの会）の版元が名古屋タイムズで、同紙編集長だった名古屋大学文学部の同期生藤野昌宏君から名古屋文化のコラムを毎週水曜日掲載で書いて欲しいとの依頼が来た。題して「文さんの名古屋かたぎ」。平成七年十一月二十二日（水曜日）から五十八回連続で平成九年一月十五日まで書いた。また、僕は昭和六十二年四月から平成元年三月まで月一回でＮＨＫテレビの放送番組「北陸東海　文さんの味な旅」のレポーターを務めたが、それが高視聴率で知れ渡っていた。そんなことから「あじくりげ」に地元名古屋の食文化に絞って書く事になったと思われる。

題して「なごや飲食夜話」。平成十一年十一月から同二十一年十二月までの百六話と続編「尾張飲食夜話」（なぜ「名古屋」ではなく「尾張」かというと、じつは「なごや飲食夜話」で終わるはずだったのがある事情で引き続き連載せねばならなくなり、一旦「おしまい」と言ってしまった後だったので、「なごや」から「尾張」に変更した次第。）の平成二十一年一月から同二十八年四月までの六十三話の合計百六十九話に、又々補筆した文四話を併せて百七十三話。よく書いたものだと自身でも驚いているが、名古屋の食文化はまだまだ書き尽くしていない気がする。名古屋の食文化は実に底が深い。

　こんな豊かな名古屋文化に地元人が気づいてないと思うことが多々あるのではないか。この本を上梓する寸前に「あいちの郷土料理　レシピ50選」なる本が愛知県から発刊された。名古屋のみならず、尾張・三河を含めた伝統的・新作の郷土料理のレシピ。ここに載せた僕担当の料理記事は、「飲食夜話」に載せた「黄色（きいな）いおこわ」「筥鮨（はこずし）」「あぶらげずし」「雑煮」「きしめん」「煮和え」「味噌おでん」「ダツの酢煎り」「鮒味噌」「タニシとわけぎのぬた和え」「かしわのひきずり」「芋ういろ（鬼まんじゅう）」「おしもん（おこしもん）」など。僕の飲食夜話三冊と全て重なっている。「飲食夜話」はそれぞれの料理の故事来歴を中心に書いたが「50選」は文字通りレシピ中心。少しではあるが、双方相俟って伝統料理の継承・再現が可能になった。名古屋の伝統料理にはまだまだ沢山のものがある。それも再現できるようになればと思う。

食文化以外にも名古屋自慢は数々ある。まずは、碁盤割りの町。京都の次は名古屋。謂わば京都と名古屋は姉妹都市。この点に注目する人はほとんどいない。しかもその碁盤割りに、家康は、主に清須越の職人と商人を住まわせ、物造りと物売りの町とし、経済活動拠点の中核とした。また新市長誕生で、木造天守閣復原が可能になった。木造復原には諸論があるが、これが出来れば、名古屋が全世界から脚光を浴びること間違いない。江戸時代から「尾張名古屋は城で持つ（保つ）」と流行唄で歌われるほど名古屋は御城で全国的に有名だった。実測図と写真とによって、ほぼ完璧な復原が可能で、しかも姫路城の約二倍の大きさの天守閣は、見る者を圧倒すること間違いなし。実に喜ばしい。

「名古屋ご飯」を「名古屋めし」とか、B級とか言って自ら貶め、名古屋名物料理と言えば決まって「手羽先」「味噌カツ」「味噌おでん」「櫃まぶし」「あんかけスパ」ばかり上げる。しかし、「手羽先」は元々根生の名古屋人は食べていなかったし、「味噌カツ」は戦後のもの、「味噌おでん」は「味噌ベースの関東煮」であることが多い。これらも勿論名古屋の食文化だが、なぜこれが名古屋の食文化になったのか、その故事来歴をきちんと把握して、B級グルメだ等と卑下せずに、自信を持って作って欲しいし、食べて欲しいと願う。それに名古屋では、日本料理、イタリア、スペイン、フランス、ドイツ、中華、その他、世界の料理が味わえるが、そこにも名古屋の味、名古屋の食文化はある。

料理を食べるのは自分なのだから、直接店に行って味わって好き嫌いを決めるべし。☆三つなどといった他人の舌に任せてはいけない。これが僕の食の哲学。それと「名古屋人は濃い味が好き」は大きな誤解。本来名古屋人の好みは「薄味」。中には濃い味好みもいるだろうが、ハンコで押したように濃い味好みと言われると否定したくなる。

「飲食夜話」はいよいよ千秋楽。本書を上梓するにあたり、「飲食夜話」の原稿を書く度に、目を通して、訂正・補筆してくれた妻徳子、締め切りに間に合わず散々迷惑を掛けた「あじくりげ」編集子本田美保子さん、大所高所よりお心遣いをいただいた小出宣昭先輩（中日新聞社前社長、現顧問・主筆）、加うるに今回は全ての挿絵を一人で書いてくれたゼミ卒業生松本亜寿美さん、出版に際して様々なお心遣いを頂いた中日新聞出版部野嶋庸平部長、藤原正樹さん、また、こういう食道楽の身体を与えてくれた母（故人）にも深く深く感謝いたします。ありがとうございました。

本書は『あじくりげ』（東海志にせの会発行）で連載した
「尾張飲食夜話」（２０１２年５月号〜２０１５年４月号）
に加筆、訂正してまとめたものです。

著者略歴

安田文吉(やすだ・ぶんきち)

昭和20（1945）年、名古屋市生まれ。昭和50年、名古屋大学大学院文学研究科博士課程を修了後、南山大学文学部専任講師に就任、助教授を経て、南山大学人文学部教授。平成26年３月退任。４月より東海学園大学人文学部特任教授。博士（文学）。幼少のころより、常磐津節、西川流日本舞踊、フルート、書道を習い、芸能に興味をもち、浄瑠璃・歌舞伎・地芝居研究をライフワークとする。テレビや講演など、活発な社会活動を行っている。
著書に『なごや飲食夜話』(中日新聞社)、『歌舞伎入門』(共著・おうふう)、『ひだ・みの　地芝居の魅力』(共著・岐阜新聞社）など多数。

なごや飲食夜話（おんじきやわ）　千秋楽

2017年9月1日　初版第一刷発行

著　者　安田　文吉
発行者　野嶋　庸平
発行所　中日新聞社
〒460-8511
名古屋市中区三の丸一丁目6番1号
電話　052-201-8811(大代表)
　　　052-221-1714(出版部直通)
郵便振替　00890-0-10

カバーデザイン　全並　大輝
印　　刷　サンメッセ株式会社

ISBN978-4-8062-0732-0 C0039